滇版精品出版工程专项资金资助项目

乡村振兴系列丛书

乡村振兴基层操作手册

《乡村振兴系列丛书》编委会　编

云南出版集团
云南科技出版社
·昆　明·

图书在版编目（CIP）数据

乡村振兴基层操作手册 / 《乡村振兴系列丛书》编委会编. -- 昆明 : 云南科技出版社, 2023
（乡村振兴系列丛书）
ISBN 978-7-5587-4461-7

Ⅰ. ①乡… Ⅱ. ①乡… Ⅲ. ①中国共产党－农村－基层组织－党的建设－手册 Ⅳ. ①D267-62

中国国家版本馆 CIP 数据核字（2023）第 101713 号

乡村振兴基层操作手册

XIANGCUN ZHENXING JICENG CAOZUO SHOUCE

《乡村振兴系列丛书》编委会　编

出 版 人：温　翔
策　　划：高　亢　李　非　胡凤丽
责任编辑：王建明　赵伟力　洪丽春　曾　芫　张　朝　蒋朋美
助理编辑：龚萌萌
封面设计：昆明墨源图文设计有限公司
责任校对：秦永红
责任印制：蒋丽芬

书　　号：ISBN 978-7-5587-4461-7
印　　刷：云南灵彩印务包装有限公司
开　　本：889mm×1194mm 1/32
印　　张：7.25
字　　数：209 千字
版　　次：2023 年 6 月第 1 版
印　　次：2023 年 6 月第 1 次印刷
定　　价：45.00 元

出版发行：云南出版集团　云南科技出版社
地　　址：昆明市环城西路 609 号
电　　话：0871-64114090

《乡村振兴系列丛书》编委会

序

民族要复兴，乡村必振兴。

习近平总书记强调，实施乡村振兴战略，是党的十九大作出的重大决策部署，是新时代做好“三农”工作的总抓手。各地区各部门要充分认识实施乡村振兴战略的重大意义，把实施乡村振兴战略摆在优先位置，坚持五级书记抓乡村振兴，让乡村振兴成为全党全社会的共同行动。

云南省委、省政府认真贯彻落实党的十九大精神和十九届历次会议精神，团结带领全省各族群众，积极探索云南的乡村振兴，对全省实施乡村振兴战略进行了规划和部署。印发了《云南省乡村振兴战略规划（2018—2022 年）》。结合《中共云南省委关于制定云南省国民经济和社会发展第十四个五年规划和二〇三五年远景目标的建议》中提出的云南省要全力打造世界一流“三张牌”：“绿色能源牌”“绿色食品牌”“健康生活目的地牌”，大力发展高原特色现代农业，打造粮食、茶叶、花卉、水果、蔬菜、坚果、咖啡、中药材、生猪、肉牛十大高原特色现代农业重点产业。全产业链重塑云南农业，坚持市场导向，选准各地最具优势特色、最有发展潜力的主导产业，找到了云南乡村振兴的实施路径。

云南省的乡村振兴工作在紧锣密鼓地有序推进落实。与此同时，也暴露出一些不足：相关理论政策学习不全面、不彻底、不充分，解读不到位，实施经验不足，案例难寻，缺乏指导性、实操性较强的理论体系支撑。为了巩固拓展脱贫攻坚成果，做好脱贫攻坚与乡村振兴的有效衔接，更好地全面推进云南的乡村振兴战略，特策划出版《乡村振兴系列丛书》。

《乡村振兴系列丛书》立足乡村振兴战略实现农业农村现代化的总目标和坚持农业农村优先发展的总方针，根据产业兴旺、生态宜居、乡风文明、治理有效、生活富裕的总要求，对乡村产业振兴、人才振兴、文化振兴、生态振兴、组织振兴五大目标进行研究和解读，探索乡村振兴的内涵与外延。从农业农村现代化、生态文明建设、兴边富民等方面介绍相关的战略规划与政策体系。并通过乡村振兴基层操作、热词搜索、党建引领、民族团结促进等多渠道探索了乡村振兴的有效实施路径。本丛书系统构建了乡村振兴战略理论研究与实施支撑体系，为乡村振兴战略的推进落实、基层操作提供了丰富的理论研究依据和实施路径指南，具有较强的指导性、操作性。

《乡村振兴系列丛书》具有以下特点：

示范性强：本系列丛书最大的一个亮点，是充分考虑云南边疆民族地区的特点，也侧重于云南脱贫攻坚成果巩固与乡村振兴有效衔接的实际情况，在政策解读、实践操作时，重点考虑了云南作为边疆民族地区的差异、需求，提供切实可行的解决方案和操作要点，如针对边疆民族地区的兴边富民行动介绍；针对民族地区，以民族团结进步示范创建促推乡村振兴……符合实际需求，实操性、示范性较强。

系统性强：本系列丛书层次、版块分明，系统性、完整性较强，选题结构丰富，并兼顾了指导性和可操作性。共分三大层次，第一层次为战略规划、理论政策研究层次；第二层次为产业规划、操作实践层次；第三层次为实用技术类层次，共分产业兴旺、生态宜居、乡风文明、治理有效、生活富裕等版块。第三层次以广大农民为主要读者对象，以农业农村农民为主题，充分考虑农民群众的科技文化需求，力求农民群众读得懂、有实效。

指导性强：从内容来说，本系列丛书系统、全面，既重视理论、政策方面的研究与解读，也重视农村基层的实际需求，探索了操作实践路径，同时收纳了可操性较强的实用案例，参考性和指导性都十分强。

《乡村振兴系列丛书》旨在新形势下探讨乡村治理体系和治理能力现代化提升，通过有效路径，全面推进云南乡村振兴，为云南省农业发展、生产经营、农业科技提供帮助，为农业产业发展升级和农业产业链构建提供理论支撑，为云南省委、省政府的乡村振兴发展部署提供理论研究、法律支持和信息参考。

希望全省的“三农”专家、学者在省委、省政府的领导下，围绕云南全面推进乡村振兴的重大热点、难点问题，深入推进云南乡村振兴的理论研究、政策解读、路径探索等工作，为省委、省政府的决策提供依据、当好参谋，为云南的乡村全面振兴提供智力支持，为云南的农业、农村、农民现代化作出新的、更大的贡献。

《乡村振兴系列丛书》编委会

目　录

政策篇

实施乡村振兴战略，是党的十九大作出的重大决策部署。

乡村振兴是包括产业振兴、人才振兴、文化振兴、生态振兴、组织振兴的全面振兴，这一战略的总要求是产业兴旺、生态宜居、乡风文明、治理有效、生活富裕。

第一章　中国特色社会主义乡村振兴道路

一、实施乡村振兴战略的总要求

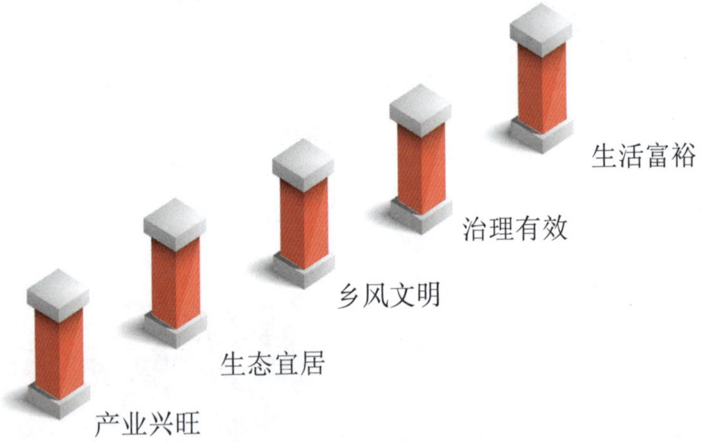

实施乡村振兴战略的总要求：产业兴旺、生态宜居、乡风文明、治理有效、生活富裕。

1. 产业兴旺是基石

发展现代农业是产业兴旺最重要的内容，其重点是通过产品、技术、制度、组织和管理创新，提高良种化、机械化、科技化、信息化、标准化、制度化和组织化水平，推动农业、林业、牧业、渔业和农产品加工业转型升级。一方面，大力发展以新型职业农民、适度经营规模、作业外包服务和绿色农业为主要内容的现代农业；另一方面，推进农村一二三产业融合发展，促进农业产业链延伸，为农民创造更多就业和增收机会。

2. 生态宜居是保证

生态宜居内容涵盖村容整洁，村内水、电、路等基础设施完善，以保护自然、顺应自然、敬畏自然的生态文明理念纠正单纯以人工生态系统替代自然生态系统的错误做法，等等。生态宜居提倡保留乡土气息、保存乡村风貌、保护乡村生态系统、治理乡村环境污染，实现人与自然和谐共生，让乡村人居环境绿起来、美起来。

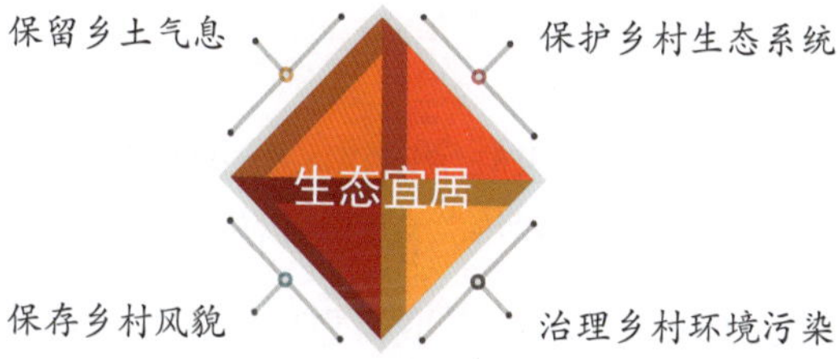

3. 乡风文明是灵魂

乡风文明建设既包括促进农村文化教育、医疗卫生等事业发展，改善农村基本公共服务；又包括大力弘扬社会主义核心价值观，传承遵规守约、尊老爱幼、邻里互助、诚实守信等乡村良好习俗，努力实现乡村传统文化与现代文明的融合；还包括充分借鉴国内外乡村文明的优秀成果，实现乡风文明与时俱进。

4. 治理有效是核心

治理越有效，乡村振兴战略的实施效果就越好。为此，应建立健全党委领导、政府负责、社会协同、公众参与、法治保障的现代乡村社会治理体制，健全自治、法治、德治相结合的乡村治理体系，加强农村基层基础工作，加强农村基层党组织建设，深化村民自治实践，建设平安乡村。进一步密切党群、干群关系，有效协调农户利益与集体利益、短期利益与长期利益，确保乡村社会充满活力、和谐有序。

5. 生活富裕是目标

乡村振兴战略的实施效果要用农民生活富裕程度来评价。为此，要努力保持农民收入较快增长，持续降低农村居民的恩格尔系数，不断缩小城乡居民收入差距，让广大农民群众和全国人民一道进入全面小康社会，向着共同富裕目标稳步前进。

二、实施乡村振兴战略的目标任务

按照党的十九大提出的决胜全面建成小康社会、分三个阶段实现第二个百年奋斗目标的战略安排，实施乡村振兴战略的目标任务是：

1. 到 2020 年，乡村振兴取得重要进展，制度框架和政策体系基本形成

到 2020 年

农业综合生产能力稳步提升，农业供给体系质量明显提高，农村一二三产业融合发展水平进一步提升；农民增收渠道进一步拓宽，城乡居民生活水平差距持续缩小；现行标准下农村贫困人口实现脱贫，贫困县全部摘帽，解决区域性整体贫困；农村基础设施建设深入推进，农村人居环境明显改善，美丽宜居乡村建设扎实推进；城乡基本公共服务均等化

水平进一步提高，城乡融合发展体制机制初步建立；农村对人才吸引力逐步增强；农村生态环境明显好转，农业生态服务能力进一步提高；以党组织为核心的农村基层组织建设进一步加强，乡村治理体系进一步完善；党的农村工作领导体制机制进一步健全；各地区各部门推进乡村振兴的思路举措得以确立。

2. 到 2035 年，乡村振兴取得决定性进展，农业农村现代化基本实现

到 2035 年

农业结构得到根本性改善，农民就业质量显著提高，相对贫困进一步缓解，共同富裕迈出坚实步伐；城乡基本公共服务均等化基本实现，城乡融合发展体制机制更加完善；乡风文明达到新高度，乡村治理体系更加完善；农村生态环境根本好转，美丽宜居乡村基本实现。

3. 到 2050 年，乡村全面振兴，农业强、农村美、农民富全面实现

到 2050 年

三、中国特色社会主义乡村振兴道路

◇必须重塑城乡关系，走城乡融合发展之路。

◇必须巩固和完善乡村基本经营制度，走共同富裕之路。

◇必须深化农业供给侧结构性改革，走质量兴农之路。

◇必须坚持人与自然和谐共生，走乡村绿色发展之路。

◇必须传承发展提升农耕文明，走乡村文化兴盛之路。

◇必须创新乡村治理体系，走乡村善治之路。

◇必须打好精准脱贫攻坚战，走中国特色减贫之路。

四、中国特色社会主义乡村振兴要求

加强党对“三农”工作的领导，是实施乡村振兴战略的政治保障。

强化规划引领，科学判断乡村发展的阶段性特征，规划先行、分类指导，打造差异化以及个性化乡村。

推动重大战略、重大行动和重大工程，实施质量兴农和数字乡村战略，打好打赢脱贫的攻坚战，并实行农村环境治理整治行动，推动整治土地、建设高标准农田、生态系统保护和修复等工作。

提供全方位的制度性保障，巩固以及完善农村基本经营制度，深化改革农村土地制度，并深入推进农村集体产权制度的改革，完善农业支持保护制度，同时全面建设职业农民制度。

解决“钱从哪儿来”的问题，建立健全财政投入保障制度，推动农村金融改革，制定金融机构服务乡村振兴考核评估制度。

实行乡村振兴战略的领导责任制，建立党政一把手作为第一责任人以及对领导干部推进乡村振兴实绩考核制度。

实施乡村振兴战略是全面建成小康社会、全面建设社会主义现代化强国的必然要求。深入理解乡村振兴战略的总要求，才能科学制定战略规划，走好中国特色社会主义乡村振兴道路。

五、实施乡村振兴战略的重要意义

党的十九大报告指出："要坚持农业农村优先发展，按照产业兴旺、生态宜居、乡风文明、治理有效、生活富裕的总要求，建立健全城乡融合发展体制机制和政策体系，加快推进农业农村现代化。"提出实施乡村振兴战略阐明了中国特色社会主义进入新时代农业农村工作的战略定位、总体要求、方法路径以及主攻方向。

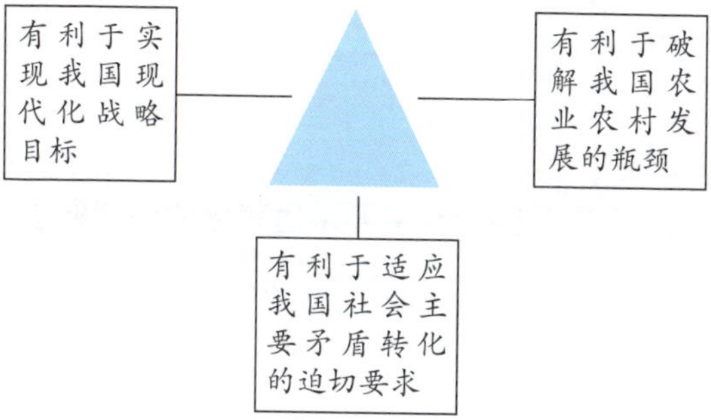

1. 有利于实现我国现代化战略目标

农业现代化是国家现代化的基础。"小康不小康，关键看老乡。"没有农业现代化，没有农业的繁荣富强，没有农民的安居乐业，国家现代化就是不完整、不全面、不牢固的。所以，没有乡村振兴，农业现代化不可能建成，国家的现代化也不会建成。

2. 有利于破解我国农业农村发展的瓶颈

随着城镇化和工业化的不断发展，我国的耕地、水和矿物等自然资源不断减少，农业生产成本不断上升，这就要求农业走集约化发展之路。大力实施乡村振兴战略，有利于破解制约瓶颈，解决"三农"问题，最终使农业高度发达，农村更加美丽宜居，农民更加富裕幸福。实施乡村振兴战略是改善生态环境的迫切要求。

走集约化发展之路

解决“三农”问题

3. 有利于适应我国社会主要矛盾转化的迫切要求

乡村振兴战略是对新农村建设目标的超越和升华，体现了中央对农业农村定位的再思考。体现了我国经济已由高速增长阶段转向高质量发展阶段的特征，是农业农村发展到新的阶段提出的更高要求。党的十九大的重要论断，中国特色社会主义进入新时代，中国社会的主要矛盾也转变为人民日益增长的美好生活需要和不平衡不充分的发展之间的矛盾。要解决好这个矛盾，必须着力解决当前农村发展的不平衡不充分问题，真正地满足广大人民对美好生活的需要，提升人民获得感、幸福感、安全感，适应我国社会主要矛盾转化的需求。

第二章　准确理解和把握乡村振兴总要求

一、"产业兴旺"的含义

1. 实现乡村"产业兴旺"是乡村振兴的基础和前提

○"产业兴旺"是乡村振兴的经济基础。

○"产业兴旺"是实现乡村人才振兴的前提。

○"产业兴旺"是壮大乡村集体经济的来源。

○"产业兴旺"为以工补农创造了必要条件。

○"产业兴旺"为增加农民收入提供了重要保障。

"产业兴旺"

2. "产业兴旺"须将保障国家粮食安全放在首位

○保障国家粮食安全是产业振兴的首要任务。

○保障国家粮食安全是实现国家政治和社会稳定的前提。

○保障国家粮食安全是满足人们日益增长的个性化、多样化、多功能性主副食品需要的必然要求。

粮食安全

3. "产业兴旺"重在坚持一二三产业融合发展

○坚持"三产"融合发展有利于优化乡村产业结构。

○坚持"三产"融合发展有利于巩固农业的基础地位。

○坚持"三产"融合发展可促进第一产业上规模、提质量。

○坚持“三产”融合发展有利于促进城乡协同发展。

○坚持“三产”融合发展有利于扩大农民就业，消化安置农村剩余劳动力。

○坚持“三产”融合发展有利于促进农村社会分工，加快培育新型农民。

○坚持“三产”融合发展有利于促进农民增收。

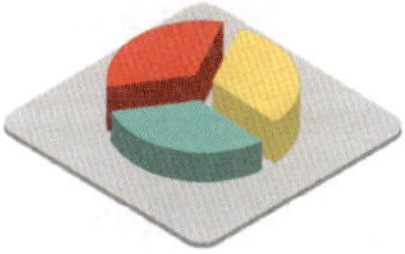

“三产融合”

4. “产业兴旺”须建立联农带农的利益链接机制

○只有联农带农才能加快壮大农村集体经济。

○只有联农带农才能促进农村经济、社会进步。

○只有联农带农才能加速培育新型农民。

○联农带农必须让农民分享到第二、三产业的收益，带动农民持续增收。

○联农带农的有效形式是资源变资产、资产变资本、农民变股东。

○联农带农的具体举措是让农民变股东，应以村集体和农民专业合作社为股东单位。

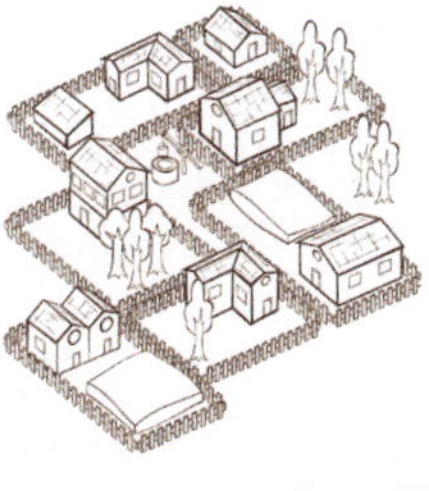

联农带农

5. “产业兴旺”须坚持绿色发展方针

○坚持农业的绿色发展是满足消费升级的必然选择。

坚持市场导向和消费导向是必然趋势；走质量兴农、绿色发展的道路，发展绿色优质农产品是农业发展的主攻方向；绿色发展是实现农业的本质和可持续发展的必然要求；绿色发展是农村生产、生活、生态协调融合的必然要求和选择。

○坚持农业的绿色发展，应积极实施绿色品牌战略。

以“三品一标”等优质安全农产品和公共品牌为依托，加强绿色品牌的整合、管理和保护；以农产品地理标志为基础，将区域公共品牌和地理标志的保护结合起来，把功夫用在管理上，用在标准化生产上。

○坚持农业的绿色发展，应认真落实绿色发展政策。

切实落实中办、国办 2017 年制定下发的《关于创新体制机制推进农业绿色发展的意见》；建立政策激励机制，通过激励来调动农民的积极性；注重法律、法规约束，提高法律保证作用；建立市场选择机制，使绿色生产能从市场得到回报。

○坚持农业的绿色发展，应发挥好绿色科技的支撑作用。

坚持绿色发展

二、“生态宜居”的含义

○实现乡村“生态宜居”，是我国生态建设的重点，目的是形成与资源环境承载力相匹配，与生产生活生态相协调的农业发展格局。

○良好的生态环境是“生态宜居”的根本。

○建设“生态宜居”的新农村是乡村生态文明建设必不可少的组成部分。

○将生态资源优势转化为经济社会发展优势是“生态宜居”的基本要求。

○“生态宜居”要在环境综合治理和保护的基础上推动生态产业的发展。

○“生态宜居”重在推行绿色生产的方式。

○“生态宜居”应切实保护好绿色生态环境。

①守住生态环境的底线，形成良好的产业环境。

②保护农业的绿色生态环境，落实好轮作休耕、退耕还林还草、渔业资源的养护制度。

○“生态宜居”要求对乡村环境进行综合治理，彻底改善农村的生态环境和人居环境，提高村民生活质量。

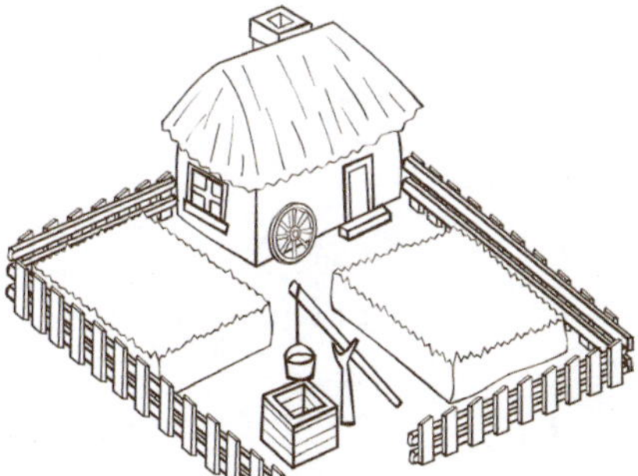

“生态宜居”

①实施农村人居环境整治行动计划，推进农村人居环境突出问题治理。

②推进农村“厕所革命”。

③推广适用不同地区的农村污水治理模式。

④推进农村环境综合整治。

⑤加强“空心村”服务管理和改造。

⑥保护保留乡村风貌。

⑦全面保护古树名木。

⑧持续推进宜居宜业的美丽乡村建设。

三、“乡风文明”的含义

1. “乡风文明”是乡村振兴的灵魂

○乡村文化是整个民族文化的源泉和内核。

○乡土文化是维系中华文明生生不息的灵魂。

○广袤的农村是传统文化的发生、繁衍、生息之地。

乡村振兴实质上是在推进融生产、生活、生态、文化等多要素于一体的系统工程。文化是农村几千年发展历史的沉淀，是农村人与物两大载体的外在体现，也是乡村振兴战略的灵魂所在。因此，在实施乡村振兴战略的过程中，应转变过去重经济轻生态、轻文化的发展理

“乡风文明”

念，也就是“既要护口袋，还要护脑袋”。

从某种意义上说，没有乡村文化支撑的“乡风文明”必然会成为空中楼阁，推动乡村文化繁荣发展既是实现“乡风文明”的重要途径，也是贯彻落实党的十九大精神，使乡村振兴战略真正落地生根的必然要求。

2.“乡风文明”是重构中国乡土文化的重大举措，是传承中华优秀传统文化的战略选择

中国传统文化是在千千万万、形形色色的乡土文化基础上孕育出来的。乡村文化是整个民族文化的土壤和源泉，是中华优秀传统文化的基本内核。乡土文化里饱含传统信仰，传统信仰里饱含传统价值观，这是维系中华文明生生不息的灵魂。可以说，广袤的农村是传统文化的发生、繁衍、生息之地。但是，伴随着城镇化浪潮的加剧，部分偏远乡村呈现凋敝、衰败的现象，对传统文化的传承造成了一定冲击，致使传统文化基因在乡村有逐渐流失的趋向。

3.“乡风文明”是推动乡村文化繁荣发展，满足农民精神文化生活需求的迫切需要

古语有云，“仓廪实而知礼节，衣食足而知荣辱”。经过改革开放40年来的快速发展，中国乡村面貌、农民面貌已发生了翻天覆地的变化，农民的物质生活水平较以前相比有了极大改善，而农民物质生活水平的提高必然使其对精神文化的需求进一步增加。但当前我国乡村文化建设水平从总体上看相对滞后，不能满足农民日益增长的精神文化需求。特别是当前，一方面，伴随着现代信息传播的广度和速

度的拓展，多元化的信息已潜移默化地改变着农民的生活习惯和思维方式，农民对精神文化的需求已日趋多样化；另一方面，当前乡村文化建设步伐滞后于经济社会快速发展的现状并没有根本改变，甚至在满足农民日益增长的精神文化需求上还相差甚远。

4. “乡风文明”是乡村社会重构的重要组成部分

5. “乡风文明”是推动乡村社会转型和社会重构的重要力量和精神支撑

6. “乡风文明”是建设现代农村弘扬社会主义先进文化的共同要求

7. 实施“乡风文明”的基本要求

○坚持党的领导和社会主义方向是“乡风文明”的核心。

○继承和发展中华民族的传统优秀文化。

○不断创新社会主义先进文化。

四、“治理有效”的含义

1. “治理有效”是乡村振兴的核心和固本之策

2. “治理有效”的基本方针是“党委领导、政府负责、社会协同、公众参与、法治保障”

3. “治理有效”的基本原则是“坚持自治、法治、德治相结合”

4. “治理有效”的目标是强化农村基层党组织领导核心地位，把农村基层党组织建成坚强战斗堡垒

5. 主要措施

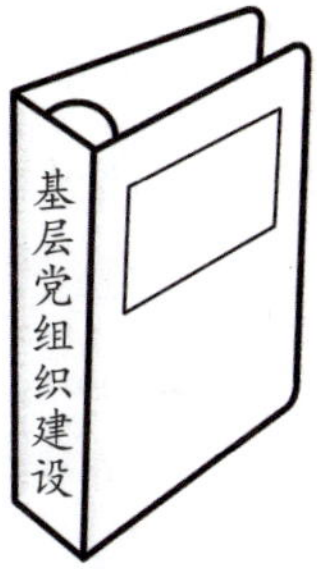

○加强农村基层党组织建设。

①引导农村党员发挥先锋模范作用。

②建立选派第一书记工作长效机制。

③实施农村带头人队伍整体优化提升行动。

④健全乡镇领导干部、机关工作人员选聘制度。

⑤在优秀青年农民中发展党员。

⑥建立农村党员定期培训制度。

⑦落实村级组织运转经费保障政策。

⑧加强村级小微权力监督，惩处腐败，整治侵害农民利益的不正之风。

○深化村民自治实践。

①加强农村群众性自治组织建设。

②发挥自治章程、村规民约的积极作用。

③推行村级事务阳光工程。

④建设民事民议、民事民办、民事民管格局。

⑤推动乡村治理重心下移。

⑥加快农村社区治理和管理体制机制创新。

○建设法治乡村。

①坚持法治为本，强化治理理念。

②增强基层干部执法、守法意识。

③推进综合行政执法改革向基层延伸。

④建立健全农村土地承包经营纠纷调处机制。

⑤加大农村普法力度。

⑥健全农村公共法律服务体系。

○提升乡村德治水平。

①创新乡村道德规范，强化乡村道德教化作用。

②建立道德激励约束机制。

③开展评先选优活动，弘扬真善美，传播正能量。

○建设平安乡村。

①推进农村社会治安防控体系建设，开展扫黑除恶专项斗争。

②打击农村非法宗教活动和境外渗透活动。

③完善县、乡、村三级综治中心功能和运行机制。

④健全农村公共安全体系，遏制重特大安全事故。

⑤运用现代技术手段，实现基层服务和管理精细化、精准化。

⑥推进农村“雪亮工程”建设。

五、“生活富裕”的含义

1. 农民“生活富裕”是乡村振兴的根本目标

2. 实现“生活富裕”的主要措施

○提高农村民生保障水平。

○发展农村教育事业。

○扩大农民就业，增加农民收入。

增加农民收入

①开展职业技能培训，提高就业质量。
②深化户籍制度改革，让进城农民依法平等享受城镇公共服务。
③实施乡村就业创业促进行动。
④实现乡村经济多元化，提供更多就业岗位。
⑤拓宽农民增收渠道。
○推动农村基础设施提档升级。

基础设施建设

①加快农村基础设施建设。
②实施农村饮水安全巩固提升工程。
③推进农村可再生能源开发利用。
④强化新建农房规划管控。
⑤实施数字乡村战略。
⑥提升气象为农服务能力。
⑦加强农村防灾减灾救灾能力建设。
○加强农村社会保障体系建设。

社会保障体系建设

①完善统一的城乡居民基本医疗保险制度和大病保险制度。

②完善城乡居民基本养老保险制度。

③完善最低生活保障制度。

④将进城农民全部纳入城镇住房保障体系。

⑤建立农村低收入群体安全住房保障机制。

⑥构建多层次农村养老保障体系。

⑦健全农村留守老、幼、妇、儿童关爱服务体系。

⑧加强和改善农村残疾人服务。

○推进健康乡村建设。

①强化农村公共卫生服务。

②完善基本公共卫生服务项目补助政策。

③开展和规范家庭医生签约服务。

④加强重点人群健康服务，倡导优生优育。

⑤深入开展乡村爱国卫生运动。

乡村振兴文件政策汇总

《乡村振兴战略规划（2018—2022年）》

党的十九大提出实施乡村振兴战略，是以习近平同志为核心的党中央着眼党和国家事业全局，深刻把握现代化建设规律和城乡关系变化特征，顺应亿万农民对美好生活的向往，对“三农”工作作出的重大决策部署，是决胜全面建成小康社会、全面建设社会主义现代化国家的重大历史任务，是新时代做好“三农”工作的总抓手。从党的十九大到二十大，是“两个一百年”奋斗目标的历史交汇期，既要全面建成小康社会、实现第一个百年奋斗目标，又要乘势而上开启全面建设社会主义现代化国家新征程，向第二个百年奋斗目标进军。为贯彻落实党的十九大、中央经济工作会议、中央农村工作会议精神和政府工作报告要求，描绘好战略蓝图，强化规划引领，科学有序推动乡村产业、人才、文化、生态和组织振兴，根据《中共中央、国务院关于实施乡村振兴战略的意见》，特编制《乡村振兴战略规划（2018—2022年）》。

中共中央 国务院发布《关于实现巩固拓展脱贫攻坚成果同乡村振兴有效衔接的意见》

“十四五”规划中，乡村振兴已经成为全面脱贫后的重点建设内容。2021年3月22日，中共中央 国务院发布《关于实现巩固拓展脱贫攻坚成果同乡村振兴有效衔接的意见》指出，打赢脱贫攻坚战、全面建成小康社会后，要在巩固拓展脱贫攻坚成果的基础上，做好乡村振兴这篇大文章，接续推进脱贫地区发展和群众生活改善。

中央一号文件《中共中央 国务院关于全面推进乡村振兴加快农业农村现代化的意见》

2020年“十四五”会议中讲到，我国将全面推进乡村振兴战略，进一步激发农村市场的增长潜力。中央农村工作会议提出，扩大内需“农村有巨大空间，可以大有作为”；各主要部委的政策，均向农村倾斜。

2021年，中央一号文件《中共中央 国务院关于全面推进乡村振兴加快农业农村现代化的意见》发布，这是21世纪以来第18个指导“三农”工作的中央一号文件。文件指出，民族要复兴，乡村必振兴。

要坚持把解决好“三农”问题作为全党工作重中之重，把全面推进乡村振兴作为实现中华民族伟大复兴的一项重大任务，举全党全社会之力加快农业农村现代化，让广大农民过上更加美好的生活。

文件指出，未来15年将通过6大方面共24项措施推进脱贫攻坚成果与乡村振兴有效衔接。

综合来说，文件中的规划方面主要分为政策规划和产业规划，政策规划中主要指出了乡村振兴未来相关帮扶政策制定的方向和重点，产业规划中主要阐明了乡村振兴中的产业发展规划。

脱贫攻坚目标任务完成后，设立5年过渡期。脱贫地区要根据形势变化，理清工作思路，做好过渡期内领导体制、工作体系、发展规划、政策举措、考核机制等有效衔接，从解决建档立卡贫困人口“两不愁三保障”为重点转向实现乡村产业兴旺、生态宜居、乡风文明、治理有效、生活富裕，从集中资源支持脱贫攻坚转向巩固拓展脱贫攻坚成果和全面推进乡村振兴。到2025年，脱贫攻坚成果巩固拓展，乡村振兴全面推进，脱贫地区经济活力和发展后劲明显增强，乡村产业质量效益和竞争力进一步提高，农村基础设施和基本公共服务水平进一步提升，生态环境持续改善，美丽宜居乡村建设扎实推进，乡风文明建设取得显著进展，农村基层组织建设不断加强，农村低收入人口分类帮扶长效机制逐步完善，脱贫地区农民收入增速高于全国农民平均水平。到2035年，脱贫地区经济实力显著增强，乡村振兴取得重大进展，农村低收入人口生活水平显著提高，城乡差距进一步缩小，在促进全体人民共同富裕上取得更为明显的实质性进展。

中国银保监会、财政部、中国人民银行、国家乡村振兴局联合发布《关于深入扎实做好过渡期脱贫人口小额信贷工作的通知》

2021年3月16日，中国银保监会、财政部、中国人民银行、国家乡村振兴局联合发布《关于深入扎实做好过渡期脱贫人口小额信贷工作的通知》（以下简称《通知》），指出扶贫小额信贷政策在过渡期内将继续坚持并进一步优化完善，切实满足脱贫人口小额信贷需求，支持脱贫人口发展生产稳定脱贫。

《通知》明确，脱贫人口小额信贷支持对象是建档立卡脱贫户，贷款金额原则上5万元（含）以下，贷款期限3年期（含）以内，实施免担保免抵押，财政资金适当贴息，鼓励以贷款市场报价利率（LPR）放款，现有风险补偿机制保持基本稳定。边缘易致贫户可按照执行。

《通知》指出，脱贫人口小额信贷坚持户借、户用、户还，精准用于贷款户发展生产和开展经营，不能用于结婚、建房、理财、购置家庭用品等非生产性支出，也不能以入股分红、转贷、指标交换等方式交由企业或其他组织使用。

《通知》强调，要切实满足脱贫人口信贷需求。银行机构要在符合政策、风险可控的前提下，准确开展评级授信，合理确定贷款额度和期限，努力满足脱贫人口贷款需求。要加强脱贫人口小额信贷续贷和展期管理，合理追加贷款，不断创新信贷服务方式。

《通知》指出，要有效防控信贷风险。完善银行机构信贷理机制，不过度强调获贷率，切实规范信贷资金发放和使用。稳妥处置逾期贷款，健全风险补偿和分担机制。

《通知》提出，要进一步夯实工作基础。支持在脱贫地区培育发展县域支柱产业和优势特色产业，推进脱贫地区信用体系建设，建立实施脱贫人口小额信贷主责任银行制度，持续开展银行基层机构与基层党组织“双基”联动。

《通知》要求，不断完善脱贫人口小额信贷支持政策。银行保险监管部门要实施差异化监管政策，人民银行要用好再贷款、差异化存款准备金等货币政策工具，财政部门要安排好财政贴息资金，乡村振兴部门特别是县级部门要做好组织协调、政策宣传、产业指导等工作。

《通知》最后强调，要认真抓好工作落实。加强组织领导，加大工作统筹、政策协调和信息共享力度，充分发挥工作合力。认真做好脱贫人口小额信贷统计监测和分析调度工作，建立定期会商和监测通报制度。采取群众喜闻乐见的形式开展脱贫人口小额信贷政策宣传，营造良好舆论氛围。

3 月 12 日《中华人民共和国国民经济和社会发展第十四个五年规划和 2035 年远景目标纲要》

在 2021 年 3 月 12 日公布的《中华人民共和国国民经济和社会发展第十四个五年规划和 2035 年远景目标纲要》中也已经提出了乡村振兴的“十四五”远景目标纲要，其中包含“提高农业质量效益和竞争力”“实施乡村建设行动”“健全城乡融合发展体制机制”“实现巩固拓展脱贫攻坚成果同乡村振兴有效衔接”四大方向建设规划，对于今后一个阶段的农业农村工作作出了进一步明确。

中共中央 国务院发布2021年中央一号文件《关于全面推进乡村振兴加快农业农村现代化的意见》

2021年1月4日，中共中央 国务院发布2021年中央一号文件《关于全面推进乡村振兴加快农业农村现代化的意见》（以下简称《意见》），文件聚焦新发展阶段的“三农”工作，将对于全面脱贫攻坚战之后的农村发展制定新的任务和目标。

《意见》对于发展不平衡不充分问题，农业农村短板弱项问题，城乡协调发展问题提出了解决方案；对于构建新发展格局，扩大农村需求，畅通城乡经济循环等方面提出了规划和远景前瞻。2021年《意见》指出，将完成以下目标任务：2021年，农业供给侧结构性改革深入推进，粮食播种面积保持稳定、产量达到1.3万亿斤以上，生猪产业平稳发展，农产品质量和食品安全水平进一步提高，农民收入增长继续快于城镇居民，脱贫攻坚成果持续巩固。农业农村现代化规划启动实施，脱贫攻坚政策体系和工作机制同乡村振兴有效衔接、平稳过渡，乡村建设行动全面启动，农村人居环境整治提升，农村改革重点任务深入推进，农村社会保持和谐稳定。

到2025年，农业农村现代化取得重要进展，农业基础设施现代化迈上新台阶，农村生活设施便利化初步实现，城乡基本公共服务均等化水平明显提高。农业基础更加稳固，粮食和重要农产品供应保障更加有力，农业生产结构和区域布局明显优化，农业质量效益和竞争力明显提升，现代乡村产业体系基本形成，有条件的地区率先基本实现农业现代化。脱贫攻坚成果巩固拓展，城乡居民收入差距持续缩小。农村生产生活方式绿色转型取得积极进展，化肥农药使用量持续减少，农村生态环境得到明显改善。乡村建设行动取得明显成效，乡村面貌发生显著变化，乡村发展活力充分激发，乡村文明程度得到新提升，农村发展安全保障更加有力，农民获得感、幸福感、安全感明显提高。

强农惠农政策

一、粮食生产支持

1. 实际种粮农民一次性补贴

为适当弥补农资价格上涨增加的种粮成本支出，保障种粮农民合理收益，2022 年中央财政继续对实际种粮农民发放一次性农资补贴，释放支持粮食生产积极信号，稳定农民收入，调动农民种粮积极性。补贴对象为实际承担农资价格上涨成本的实际种粮者，包括利用自有承包地种粮的农民，流转土地种粮的大户、家庭农场、农民合作社、农业企业等新型农业经营主体，以及开展粮食耕种收全程社会化服务的个人和组织，确保补贴资金落实到实际种粮的生产者手中，提升补贴政策的精准性。补贴标准由各地区结合有关情况综合确定，原则上县域内补贴标准应统一。

2. 农机购置与应用补贴

开展农机购置与应用补贴试点，开展常态化作业信息化监测，优化补贴兑付方式，把作业量作为农机购置与应用补贴分步兑付的前置条件，为全面实施农机购置与应用补贴政策夯实基础。推进补贴机具有进有出、优机优补，推进北斗智能终端在农业生产领域应用。支持开展农机研发制造推广应用一体化试点。

3. 重点作物绿色高质高效行动

聚焦围绕粮食和大豆油料作物，集成推广新技术、新品种、新机具，打造一批优质强筋弱筋专用小麦、优质食味稻和专用加工早稻、高产优质玉米的粮食示范基地，同时集成示范推广高油高蛋白大豆、“双低”油菜等优质品种和区域化、标准化高产栽培技术模式，打造一批大豆油料高产攻关田，示范带动大范围均衡增产。适当兼顾蔬菜等经济作物，建设绿色高质高效示范田和品质提升基地。

4. 农业生产社会化服务

聚焦粮食和大豆油料生产，支持符合条件的农民合作社、农村集体经济组织、专业服务公司和供销合作社等主体开展社会化服务，推动服务带动型规模经营发展。支持各类服务主体集中连片开展单环节、多环节、全程托管等服务，提高技术到位率、服务覆盖面和补贴精准性，推动节本增效和农民增收。

5. 基层农技推广体系改革与建设

聚焦粮食稳产增产、大豆油料扩种、农产品有效供给等重点，根据不同区域自然条件和生产方式，示范推广重大引领性技术和农业主推技术，推动农业科技在县域层面转化应用。继续实施农业重大技术协同推广，激发各类推广主体活力，建立联动示范推广机制。继续实施农技推广特聘计划，通过政府购买服务等方式，从乡土专家、新型农业经营主体、种养能手中招募特聘农技（动物防疫）员。

6. 玉米大豆生产者补贴、稻谷补贴和产粮大县奖励

国家继续实施玉米和大豆生产者补贴、稻谷补贴和产粮大县奖励等政策，巩固农业供给侧结构性改革成效，保障国家粮食安全。

二、耕地保护与质量提升

1. 耕地地力保护补贴

补贴对象原则上为拥有耕地承包权的种地农民，补贴资金直接兑现到户，严禁任何方式统筹集中使用，严防“跑冒滴漏”，

确保补贴资金不折不扣发放到种地农民手中。按照《财政部办公厅　农业农村部办公厅关于进一步做好耕地地力保护补贴工作的通知》（财办农〔2021〕11号）要求，探索耕地地力保护补贴发放与耕地地力保护行为相挂钩的有效机制，加大耕地使用情况的核实力度，做到享受补贴农民的耕地不撂荒、地力不下降，切实推动落实“藏粮于地”战略部署，遏制耕地“非农化”。

2. 高标准农田建设

按照“统一规划布局、统一建设标准、统一组织实施、统一验收考核、统一上图入库”五个统一的要求，2022年在全国建设高标准农田1亿亩（土地面积单位，1亩≈666.67平方米，全书统一说明），重点加大对粮食主产省支持。按照《全国高标准农田建设规划（2021—2030年）》，因地制宜实施田块整治、土壤改良、灌溉和排水、田间道路、农田输配电等建设内容，加强农业基础设施建设，提高农业综合生产能力。

3. 东北黑土地保护

继续聚焦黑土地保护重点县，集中连片开展东北黑土地保护利用，重点推广秸秆还田与“深翻+有机肥还田”等综合技术模式，推进国家黑土地保护工程标准化示范。坚持“稳步扩面、质量为先”，针对玉米、大豆、小麦等旱作作物，支持推广应用秸秆覆盖免（少）耕播种等关键技术，持续优化定型技术模式，稳步扩大实施面积，鼓励整乡整村整建制推进，加快高标准示范应用基地建设。

4. 耕地质量保护与提升

在部分耕地酸化、盐碱化较严重区域，试点集成推广施用土壤调理剂、绿肥还田、耕作压盐、增施有机肥等治理措施。在西南、华南等地区，因地制宜采取品种替代、水肥调控、农业废弃物回收利用等环境友好型农业生产技术，加强生产障碍耕地治理,克服农产品产地环境障碍,提升农产品质量安全水平。支持做好第三次全国土壤普查试点、补充耕地质量评价试点、肥料田间试验、施肥情况调查、肥料利用率测算等工作。加大施肥新产品新技术新机具集成推广力度，优化测土配方施肥技术推广机制,扩大推广应用面积、提高覆盖率。通过施用草木灰、叶面喷施、绿肥种植、增施有机肥等替代部分化肥投入，降低农民用肥成本。

5. 耕地轮作休耕

立足资源禀赋、突出生态保护、实行综合治理，进一步探索科学有效轮作模式。在东北、黄淮海等地区实施粮豆轮作，在西北、黄淮海、西南和长江中下游等适宜地区推广玉米大豆带状复合种植，在长江流域实施“一季稻 + 油菜、一季稻 + 再生稻 + 油菜”轮作，在双季稻区实施稻稻油轮作，在北方农牧交错区和新疆次宜棉区推广棉花、玉米等与花生轮作或间套作。继续在河北地下水漏斗区、新疆塔里木河流域地下水超采区实施休耕试点，休耕期间重点采取土壤改良、地力培肥等措施。

6. 耕地深松

以提高土壤蓄水保墒能力为目标，支持在适宜地区开展深松（深耕）整地作业，促进耕地质量改善和农业综合生产能力提升。深松（深耕）作业深度一般要求达到或超过 25 厘米，具体技术模式、补助标准和作业周期由各地因地制宜确定。充分利用信息化监测手段保证作业质量，提高监管工作效率，鼓励扩大作业监测范围。

三、种业创新发展

1. 种质资源保护

继续支持符合条件的国家畜禽遗传资源保种场、保护区和基因库等国家级畜禽遗传资源保护品种保护单位开展畜禽遗传资源保护，支持符合条件的国家畜禽核心育种场、种公畜站、

奶牛生产性能测定中心等开展种畜禽和奶牛生产性能测定工作。

2. 畜牧良种推广

在主要草原牧区省份对项目区内符合条件的养殖场（户）给予适当补助，支持牧区畜牧良种推广。在生猪大县对符合条件的生猪养殖场（户）给予适当补助，加快生猪品种改良。支持开展蜜蜂遗传资源保护利用，完善蜜蜂良种繁育体系，改善养殖设施装备水平，开展农作物高效蜂授粉试点。

3. 制种大县奖励

扩大水稻、小麦、玉米、大豆、油菜制种大县支持范围，将九省棉区棉花制种大县纳入奖励范围，提高农作物良种覆盖面，提升核心种源保障能力，促进种业转型升级，实现高质量发展。

四、畜牧业健康发展

1. 奶业振兴行动

择优支持奶业大县发展奶牛标准化规模养殖，推广应用先进智能设施装备，推进奶牛养殖和饲草料种植配套衔接，选择有条件的奶农、农民合作社依靠自有奶源开展养加一体化试点，示范带动奶业高质量发展。实施苜蓿发展行动，支持苜蓿种植、收获、运输、加工、储存等基础设施建设和装备提升，增强苜蓿等优质饲草料供给能力。

2. 粮改饲

以农牧交错带和黄淮海地区为重点，支持规模化草食家畜养殖场（户）、企业或农民合作社以及专业化饲草收储服务组织等主体，收储使用青贮玉米、苜蓿、饲用燕麦、黑麦草、饲用黑麦、饲用高粱等优质饲草，通过以养带种的方式加快推动种植结构调整和现代饲草产业发展。各地可根据当地养殖传统和资源情况，因地制宜将有饲用需求的区域特色饲草品种纳入范围。

3. 肉牛肉羊增量提质行动

进一步扩大项目实施范围，在吉林、山东、河南、云南等19个省（自治区），选择产业基础相对较好的牛（羊）养殖大县，支持开展基础母牛扩群提质和种草养牛养羊全产业链发展。

4. 生猪（牛羊）调出大县奖励

包括生猪调出大县奖励、牛羊调出大县奖励和省级统筹奖励资金。生猪调出大县奖励资金和牛羊调出大县奖励资金由县级人民政府统筹安排用于支持本县生猪（牛羊）生产流通和产业发展，省级统筹奖励资金由省级人民政府统筹安排用于支持本省（自治区、直辖市）生猪（牛羊）生产流通和产业发展。

五、农业全产业链提升

1. 农业产业融合发展

统筹布局建设一批国家现代农业产业园、优势特色产业集群和农业产业强镇。重点围绕保障国家粮食安全和重要农产品有效供给，聚焦稻谷、小麦、玉米、大豆、油菜、花生、牛羊、生猪、淡水养殖、天然橡胶、棉花、食糖、奶业、种业、设施蔬菜等重要农产品，适当兼顾其他特色农产品，构建以产业强镇为基础、产业园为引擎、产业集群为骨干，省县乡梯次布局、点线面协同推进的现代乡村产业体系，整体提升产业发展质量效益和竞争力。

2. 农产品产地冷藏保鲜设施建设

重点围绕蔬菜、水果等鲜活农产品，兼顾地方优势特色品种，合理布局建设农产品产地冷藏保鲜设施，采取“先建后补、以奖代补”方式，择优支持蔬菜、水果等产业重点县开展整县推进。依托县级及以上示范家庭农场和农民合作社示范社、已登记的农村集体经济组织实施，重点支持建设通风贮藏设施、机械冷藏库、气调冷

藏库，以及预冷设施设备和其他配套设施设备。

3. 农产品地理标志保护工程

围绕生产标准化、产品特色化、身份标识化和全程数字化，完善相关标准和技术规范，支持开展地理标志农产品特色种质保存、特色品质保持和特征品质评价，推进全产业链生产标准化，挖掘农耕文化，加强宣传推介，强化质量安全监管和品牌打造，推动地理标志农产品产业发展。

六、新型经营主体培育

1. 高素质农民培育

统筹推进新型农业经营服务主体能力提升、种养加能手技能培训、农村创新创业者培养、乡村治理及社会事业发展带头人培育。继续开展农村实用人才带头人和到村任职选调生培训。启动实施乡村产业振兴带头人培育“头雁”项目，打造一支与农业农村现代化相适应，能够引领一方、带动一片的乡村产业振兴带头人“头雁”队伍。

2. 新型农业经营主体高质量发展

支持县级及以上农民合作社示范社和示范家庭农场改善生产经营条件，规范财务核算，应用先进技术，推进社企对接，提升规模化、集约化、信息化生产能力。着力加大对从事粮食和大豆油料种植的家庭农场和农民合作社、联合社支持力度。鼓励各地加强新型农业经营主体辅导员队伍和服务中心建设，可通过政府购买服务方式，委托其为家庭农场和农民合作社提供技术指导、产业发展、财务管理、市场营销等服务。鼓励各地开展农民合作社质量提升整县推进。

3. 农业信贷担保服务

重点服务家庭农场、农民合作社、农业社会化服务组织、小微农业企业等农业适度规模经营主体。服务范围限定为农业生产及与其直接相关的产业融合项目，加大对粮食和大豆油料生产、乡村产业发展等重点领域的信贷担保支持力度，助力农业经营主体信贷直通车常态化服务，提升数字化、信息化服务水平。在有效防范风险的前提下，加快发展首担业务。中央财政对省级农担公司开展的符合“双控”要求的政策性农担业务予以奖补，支持其降低担保费用和应对代偿风险。

七、农业资源保护利用

1. 草原生态保护补助奖励

河北、山西、内蒙古、辽宁、吉林、黑龙江、四川、云南、西藏、甘肃、青海、宁夏、新疆等 13 省（自治区）及新疆生产建设兵团、北大荒农垦集团有限公司实施草原生态保护补助奖励政策，补奖资金用于支持实施草原禁牧、推动草畜平衡，有条件的地方可用于推动生产转型，提高草原畜牧业现代化水平。

对农牧民的补助奖励资金，要通过“一卡（折）通”等方式及时足额发放给农牧民。

2. 渔业发展补助

聚焦渔业资源养护、纳入国家规划的重点项目以及促进渔业安全生产等方面，重点支持建设国家级海洋牧场、现代渔业装备设施，以及国家级沿海渔港经济区、远洋渔业基地等公益性基础设施更新改造和整治维护，开展集中连片内陆养殖池塘标准化改造和尾水治理，实施渔业资源调查养护和国际履约能力提升奖补等。支持实施渔业资源养护，继续在流域性大江大湖、界江界河、资源退化严重海域等重点水域开展渔业增殖放流，促进恢复或增加渔业种群的数量，改善和优化水域的渔业种群结构。

3. 绿色种养循环农业试点

继续在符合条件的试点县整县开展绿色种养循环农业试点，支持企业、专业化服务组织等市场主体提供粪肥收集、处理、施用服务，带动县域内畜禽粪污基本还田，打通种养循环堵点，推动化肥减量化，促进畜禽粪污资源化利用和农业绿色发展。

4. 农作物秸秆综合利用

以秸秆资源量较大的县（市、区）为重点实施区域，培育壮大秸秆利用市场主体，完善收储运体系，加强资源台账建设，健全监测评价体系，强化科技服务保障，培育推介一批秸秆产业化利用典型模式，形成可推广、可持续的产业发展模式和高效利用机制，提升秸秆综合利用水平。

5. 地膜科学使用回收

河北、内蒙古、辽宁、山东、河南、四川、云南、甘肃、新疆等9省（自治区）及新疆生产建设兵团、北大荒农垦集团有限公司，支持引导农户、种植大户、合作社及地膜生产回收企业等实施主体，科学推进加厚高强度地膜使用，有序推广全生物降解地膜。推广地膜高效科学覆盖技术，降低使用强度。严格补贴地膜准入条件，禁止使用不达标地膜。加快构建废旧地膜污染治理长效机制，有效提高地膜科学使用回收水平。

八、农业防灾减灾

1. 农业生产救灾

中央财政对各地农业重大自然灾害及农业生物灾害的预防

控制和灾后恢复生产工作给予适当补助。支持范围包括农业重大自然灾害预防及农业生物灾害防控所需的物资材料补助，恢复农业生产措施所需的物资材料补助，牧区抗灾保畜所需的储草棚（库）、牲畜暖棚和应急调运饲草料补助等。支持小麦促弱转壮，支持实施小麦“一喷三防”。

2. 动物疫病防控

中央财政对动物疫病强制免疫、强制扑杀和销毁、养殖环节无害化处理工作给予补助。强制免疫补助经费主要用于开展口蹄疫、高致病性禽流感、小反刍兽疫、布病、包虫病等动物强制免疫疫苗（驱虫药物）采购、储存、注射（投喂）以及免疫效果监测评价、人员防护等相关防控工作，以及对实施和购买动物防疫服务等予以补助；继续对符合条件的养殖场户实施强制免疫“先打后补”。国家对在动物疫病预防、控制、净化、消灭过程中强制扑杀的动物、销毁的动物产品和相关物品的所有者给予补偿，补助经费由中央财政和地方财政共同承担。国家对养殖环节病死猪无害化处理予以支持，由各地根据有关要求，结合当地实际，完善无害化处理补助政策，切实做好养殖环节无害化处理工作。

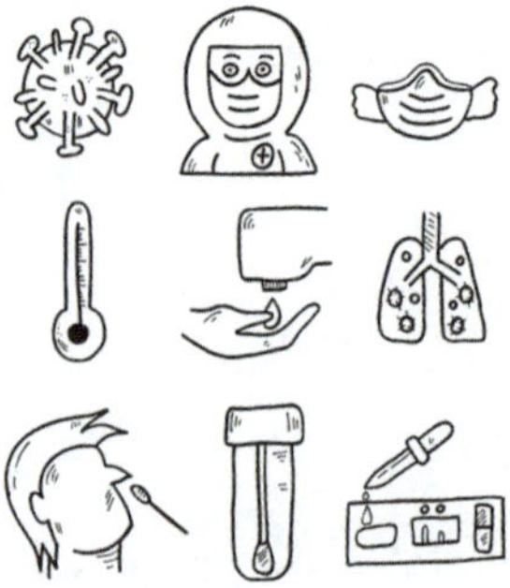

3. 农业保险保费补贴

在地方财政自主开展、自愿承担一定补贴比例基础上，中央财政对稻谷、小麦、玉米、棉花、马铃薯、油料作物、糖料作物、天然橡胶、能繁母猪、育肥猪、奶牛、森林、青稞、牦牛、藏系羊，以及三大粮食作物制种保险给予保费补贴支持。加大农业保险保费补贴支持力度，中央财政对中西部和东北地区的种植业保险保费补贴比例由35%或40%统一提高至45%，实现三大粮食作物完全成本保险和种植收入保险主产省产粮大县全覆盖。将中央财政对地方优势特色农产品保险奖补政策扩大至全国，继续开展“保险+期货”试点。

九、农村人居环境整治

1. 因地制宜推进农村改厕

支持实施农村厕所革命整村推进财政奖补政策，分类有序推进农村厕所革命。充分发挥农民群众主体作用，加强农村改厕和农村生活污水治理统筹衔接，着力建立健全运行管护机制，切实提高农村改厕质量，务求长效管用。

操作篇

乡村振兴要全面振兴

乡村振兴是一项系统工程

组织振兴是乡村振兴的根本保障

产业振兴是农民致富的关键

乡村美丽是乡村振兴的必然要求

第一章　党建引领乡村振兴

推进目标

强化农村基层党建工作，关乎农村经济社会健康有序、关乎党的群众基础坚实稳定、关乎农村群众生活和谐幸福、关乎农村青山绿水长效守护。办好农村的事情，实现乡村振兴，关键在党。深入实施乡村振兴战略，必须加强和改善党对“三农”工作的集中统一领导，充分发挥党把方向、谋大局、定政策、促改革的主心骨作用，提高党全面领导新时代“三农”工作的能力和水平。

理论依据

党的十九大首次提出实施乡村振兴战略，并作为七大战略之一写入党章，在我国“三农”发展进程中具有划时代的意义。实施乡村振兴战略，充分体现了党中央的战略意图和全党的共同意志，是决胜全面建成小康社会、全面建设社会主义现代化国家的重大历史任务，是中国特色社会主义进入新时代做好“三农”工作的新旗帜和总抓手。

实施举措

一、切实提升新时代农村基层党建工作质量的意义

- 激发乡村振兴内生动力
- 提升乡村治理现代化水平
- 夯实党在农村的执政基础

（一）做好农村基层党建工作，激发乡村振兴内生动力

乡村振兴战略的实施，是党顺应百姓心声和时代要求作出的科学决策。长期以来，党高度重视农村基层社会治理工作，高度关注农村百姓生活，迄今为止，“中央一号”文件已连续多年聚焦“三农”工作。

在党中央坚强领导下，我国“三农”工作取得了长足进步。乡村振兴战略的实施，有利于进一步推动农业转型升级、构建农村社会和自然和谐格局、传承农村优秀文化、打造现代社会治理格局、提升广大农民群众福祉。对于解决新时代我国社会主要矛盾、保障国家长治久安具有重要的意义和价值。

在具体的实践过程中，受自然、历史、文化等诸多要素的影响，我国不同地区的农村经济社会发展状况呈现出较大差异，乡村振兴战略的实施在不同地区面临着不同程度的困难。农村基层党组织作为连接党和广大农村百姓的桥梁纽带，对于推动党的方针政策在广大基层群众中落地落实发挥着不可替代的作用，对于推动解决农村经济社会

发展各项困难发挥着难以取代的作用。乡村振兴背景下，只有切实做好农村基层党建工作，加强党对乡村振兴各项工作的全面领导，发挥好广大党员干部模范带头作用，加强农村基层党员干部廉洁自律，才能进一步增强群众对党的信任与信赖，凝聚广大人民群众的力量和智慧，净化农村基层政治生态，增强农村基层党组织战斗力和组织力，推动农村经济社会各方面积极要素形成有效合力，不断激发乡村振兴的内生动力。

（二）做好农村基层党建工作，提升乡村治理现代化水平

（1）乡村振兴，治理有效是基础。建立健全党委领导、政府负责、社会协同、公众参与、法治保障的现代乡村社会治理体系，坚持自治、法治、德治相结合，确保乡村社会充满活力、和谐有序，是当前及未来一个时期乡村治理的核心价值方向。

（2）坚持和加强党的领导是关键。基层党组织的领导力、组织力的强弱直接关系到党的凝聚力、创造力、战斗力。只有切实做好农村基层党建工作，始终将党管农村工作贯穿乡村治理体系建设全过程，不断加强农村基层党组织对乡村振兴的全面领导，不断夯实基层党组织在乡村治理中的领导核心地位，才能确保乡村振兴战略稳步推进，确保乡村治理现代化水平不断提升。

在长期的历史发展过程中，受农村社会发展的固有规律和某些特殊发展阶段相关政策因素等的影响，当前我国部分农村地区的治理水平和治理效能仍然存在着很多突出问题和薄弱环节；受自身文化素质和传统思维观念的束缚，部分农村地区的农民群众参与乡村治理的积极性有待进一步提升，村民自治能力有待进一步加强；受传统宗族观念和多元化利益诉求影响，部分农村地区仍然存在着家族或宗族势力侵扰乡村治理、侵占群众自治空间等问题；受人口流动和人口单向流失等因素影响，部分农村地区出现人口“老龄化”、村庄“空心化”等问题，给乡村治理带来诸多压力；受道德观念变化和物化思维影响，

部分农村地区道德建设水平亟待加强。做好农村基层党建工作，发挥好基层党组织的领导力和协调力，是上述问题得以解决的关键。

做好农村基层党建工作，提升农村党员干部队伍整体素质，可以更好地发挥党在乡村治理中的政治领导和价值引领作用，确保乡村治理各项工作契合时代主流方向、顺应国家发展建设大局；加强对于村民参与自治实践的目标引领和程序监督，切实提升群众政治素养和乡村治理能力；推动法治观念在广大农村地区的普及，维护农民各项权益、化解农村社会矛盾；推动主流价值观念和农村不同地区优秀文化传统、良风美俗等有机结合，更加有效地将社会主义核心价值观融入乡村治理，切实提升新时代农村道德建设水平。

（三）做好农村基层党建工作，夯实党在农村的执政基础

中国共产党成立迄今已走过一百多年的历史，在这一百多年的历史征程中，经历了波澜壮阔的革命斗争和社会主义建设，生动诠释了一条真理，那就是党的光辉胜利的取得，离不开广大人民群众的支持与拥护，这是党最坚实、最稳定的执政根基。面对新的历史条件下的各种困难与挑战，要实现“两个一百年”奋斗目标，实现中华民族伟大复兴中国梦，必须筑牢群众基础、走好群众路线、凝聚群众智慧、汇集群众力量，从而在党和人民群众勠力同心创造新的光辉胜利的过程中，进一步增强人民群众对党的认同与拥护，夯实党长期执政的根脉与基础。

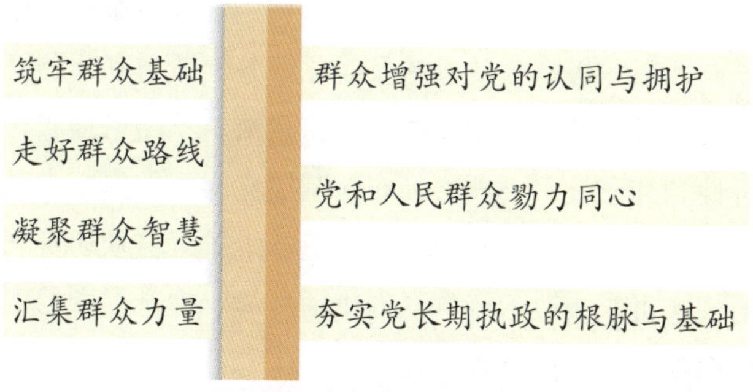

当前，我国仍有约一半的人口生活在农村，立足我国当前农村社会发展现实，推动乡村振兴战略深入实施，将乡村振兴取得的工作成果转化为巩固党在农村广泛群众基础的现实效能，是乡村振兴战略深入推进的目标之一。

由于受到传统与现代、中国与西方、城市与乡村等多元化的生产、生活方式的激烈碰撞与冲击，农村基层群众的利益诉求日益多元、思维方式日趋多变。农村经济社会发展呈现出的复杂局面，给新时期党在农村执政基础的巩固带来了诸多挑战。

（1）农村基层党组织对于不同群众的诉求回应的难度较大，相关工作的开展不利导致部分群众内心产生不满。

（2）基层党员干部开展群众工作的方式和方法不能很好地满足现实发展的需要，部分地区仍然存在着较为突出的形式主义和官僚主义行为，导致部分群众产生误解和抵触。

（3）部分党员干部受到一些负面因素的影响，偏离初心使命，偏离党的群众路线，对群众的关心和关注不足，甚至出现侵害群众利益的行为与现象。

（4）部分农村基层党组织在领导农村各项工作开展过程中，群众参与不足，部分政策措施出现朝令夕改，难以服众。

这一系列现实问题，不同程度地降低人民群众对党的信赖与认可，削弱党在农村基层执政的根脉与基础。

为此，在乡村振兴战略深入推进过程中，农村基层党组织必须坚持问题导向，以积极有效的措施及时化解各类矛盾和问题。不断提升党员干部为民务实、干事创业的活力与热情，不断增强农村基层党组织的先进性和纯洁性，不断增强农村基层党组织的向心力和凝聚力，切实提升新时代农村基层党建工作质量。维护好群众切身利益、满足好群众的现实诉求、改善好群众的生活环境、提升群众的生活质量，夯实新时期党在农村的执政基础。

二、发挥好党建在引领乡村振兴中的积极作用

党的十九大报告提出乡村振兴战略，党的中央农村工作会议对此作出全面部署，是为有效解决“三农”发展短板，全面激活农村发展新活力，促进农业强大、农村美丽、农民富裕，全面推进国家现代化进程的一项重要举措。在党的十九大报告中指出，要以提升组织力为重点，突出政治功能，把基层党组织建设成为宣传党的主张、贯彻党的决定、领导基层治理、团结动员群众、推动改革发展的坚强战斗堡垒。在全国全面推进乡村振兴战略的大环境下，发挥好党建在引领乡村振兴中的积极作用，对推动乡村全面振兴具有至关重要的作用。

（一）加强乡村党组织建设

在党建组织建设过程中，应当明确整个党建队伍的指导性作用。

（1）加强党建队伍成员与整个队伍的联系，提高关于党建实施的威严度和信服感。

（2）明确党建组织建设过程中的核心理念——乡村振兴，在依据党的领导和政策指示完成任务时，能够分清主次，依次进行。

将党建队伍的组织权力清楚明晰化，避免由于权力划分不明确延误工作正常开展，坚决杜绝关系化式相处。对于基础党建队伍较高权力的执行人确定也应当有时间效力，通过其余干部、党员和群众的监督和反馈，对其工作进行重新考量和评定。在考量准则中，主要以乡村振兴过程中的经济发展和社会人文两方面的发展进行综合评定。其中，经济发展包括农村劳动力的有效运用、果蔬米粮区域产量的提升、旅游业等众多副业的开展；社会人文主要包括文化底蕴的形成、

义务教育的普及和实施程度、村民的意见和建议能否得到及时回应和反馈。党建组织建设只有满足以上所述条件，才能保证乡村振兴战略的有效实施。

（二）加强乡村带头人队伍建设

农村富不富，关键看支部；支部强不强，要看领头羊

实施乡村振兴战略，人才是关键。党的十九大报告强调，要加强基层党组织带头人队伍建设。俗话说："农村富不富，关键看支部；支部强不强，要看领头羊。"组织力强不强，关键在于支部班子强不强。要大力实施头雁工程、青苗培养工程等，突出抓好党组织带头人队伍建设。要破解村级党组织书记来源渠道"窄"的局限，注重发挥乡镇党委作用，在后备人选选拔培养上下功夫。要充分发挥基层党员在推动乡村振兴战略中的先锋模范作用，注重在致富能手、外出务工人员、青年农民等群体中发现优秀苗子，充分发挥县、镇、村三级党校在培训党员发展对象和农村党员中的积极作用，提升党员能力素质，围绕发展壮大村集体经济、助推美丽乡村建设等重点，抓好教育培训，为乡村振兴提供"智力"支撑。

（三）多渠道完善基层党建工作

据有关调查显示，党建队伍在开展乡村振兴相关任务时普遍存在组织形式单一、成效不显著等问题。对此，基层党建队伍成员应当结合运用多种媒介完成工作。村支部开会的时候不必局限在面对面的方桌会议上，可以利用微信群或腾讯会议进行及时沟通和解决，避免因为核心人物时间安排不当导致会议无法正常开展，延误实际工作开展。在此基础上，党建队伍应当安排专员对每项工作的开展近况进行及时跟进和记录，以多种形式全面、系统化地展现出来，并进行比对，

促使党建队伍和上层机关能够清楚认识到哪部分仍旧存在问题、哪部分发展较强，值得继续投入。同时，可以利用互联网媒介带来的便捷性，申请官方认证账号，定期推送一些关于当地旅游开发情况和特色卖点的宣传片，通过互联网的广泛传阅，加强点击量，获取更多区域人群的熟知度，拉动当地旅游业的发展；也可以因地制宜地开发具备当地特色的产品进行售卖，利用电商平台进行运营销售。此外，定期进行投票意见征集和当地村民匿名意见反馈也是必不可少的，此项工作的实施可以保证基层党建在乡村振兴工作开展过程中的科学性和先进性，真正提高当地基层治理的效率。

第二章 制度建设保障乡村振兴

推进目标

扎实推进乡村振兴，必须把制度建设贯穿其中，强化制度保障。要按照“产业兴旺、生态宜居、乡风文明、治理有效、生活富裕”的总要求，建立健全促进乡村振兴的制度，推动乡村振兴战略规划贯彻落实，走好中国特色社会主义乡村振兴道路。

理论依据

习近平总书记强调：“全面实施乡村振兴战略的深度、广度、难度都不亚于脱贫攻坚，要完善政策体系、工作体系、制度体系，以更有力的举措、汇聚更强大的力量，加快农业农村现代化步伐，促进农业高质高效、乡村宜居宜业、农民富裕富足。”这为做好“三农”工作提供了根本遵循。

实施举措

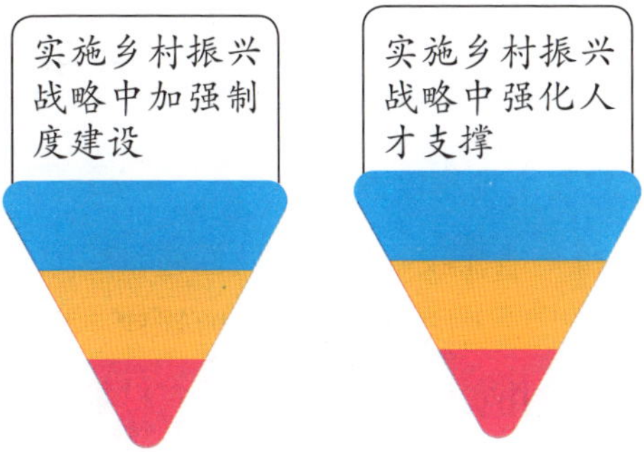

一、实施乡村振兴战略中加强制度建设

实施乡村振兴战略，必须把制度建设贯穿其中。要以完善产权制度和要素市场化配置为重点，激活主体、激活要素、激活市场，着力增强改革的系统性、整体性、协同性。

1. 巩固和完善农村基本经营制度

落实农村土地承包关系稳定并长久不变政策，衔接落实好第二轮土地承包到期后再延长 30 年的政策，让农民吃上长效“定心丸”。全面完成土地承包经营权确权登记颁证工作，实现承包土地信息联通共享。完善农村承包地“三权分置”制度，在依法保护集体土地所有权和农户承包权前提下，平等保护土地经营权。农村承包土地经营权可以依法向金融机构融资担保、入股从事农业产业化经营。实施新型农业经营主体培育工程，培育发展家庭农场、合作社、龙头企业、社会化服务组织和农业产业化联合体，发展多种形式适度规模经营。

2. 深化农村土地制度改革

系统总结农村土地征收、集体经营性建设用地入市、宅基地制度改革试点经验，逐步扩大试点，加快土地管理法修改，完善农村土地利用管理政策体系。扎实推进房地一体的农村集体建设用地和宅基地使用权确权登记颁证。完善农民闲置宅基地和闲置农房政策，探索宅基地所有权、资格权、使用权“三权分置”，落实宅基地集体所有权，保障宅基地农户资格权和农民房屋财产权，适度放活宅基地和农民房屋使用权，不得违规违法买卖宅基地，严格实行土地用途管制，严格禁止下乡利用农村宅基地建设别墅大院和私人会馆。在符合土地利用总体规划前提下，允许县级政府通过村土地利用规划，调整优化村庄用地布局，有效利用农村零星分散的存量建设用地；预留部分规划建设用地指标用于单独选址的农业设施和休闲旅游设施等建设。对利用收储农村闲置建设用地发展农村新产业新业态的，给予新增建设用地指标奖励。进一步完善设施农用地政策。

3. 深入推进农村集体产权制度改革

全面开展农村集体资产清产核资、集体成员身份确认，加快推进集体经营性资产股份合作制改革。推动资源变资产、资金变股金、农民变股东，探索农村集体经济新的实现形式和运行机制。坚持农村集体产权制度改革正确方向，发挥村党组织对集体经济组织的领导核心作用，防止内部少数人控制和外部资本侵占集体资产。维护进城落户农民土地承包权、宅基地使用权、集体收益分配权，引导进城落户农民依法自愿有偿转让上述权益。研究制定农村集体经济组织法，充实农村集体产权权能。全面深化供销合作社综合改革，深入推进集体林权、水利设施产权等领域改革，做好农村综合改革、农村改革试验区等工作。

4. 完善农业支持保护制度

以提升农业质量效益和竞争力为目标，强化绿色生态导向，创新完善政策工具和手段，扩大“绿箱”政策的实施范围和规模，加快建立新型农业支持保护政策体系。深化农产品收储制度和价格形成机制改革，加快培育多元市场购销主体，改革完善中央储备粮管理体制。通过完善拍卖机制、定向销售、包干销售等，加快消化政策性粮食库存。落实和完善对农民直接补贴制度，提高补贴效能。健全粮食主产区利益补偿机制。探索开展稻谷、小麦、玉米三大粮食作物完全成本保险和收入保险试点，加快建立多层次农业保险体系。

二、实施乡村振兴战略中强化人才支撑

实施乡村振兴战略，必须破解人才瓶颈制约。要把人力资本开发放在首要位置，畅通智力、技术、管理下乡通道，造就更多乡土人才，聚天下人才而用之。

1. 大力培育新型职业农民

全面建立职业农民制度，完善配套政策体系。实施新型职业农民培育工程。支持新型职业农民通过弹性学制参加中高等农业职业教育。创新培训机制，支持农民专业合作社、专业技术协会、龙头企业等主体承担培训。引导符合条件的新型职业农民参加城镇职工养老、医疗等社会保障制度。鼓励各地开展职业农民职称评定试点。

2. 加强农村专业人才队伍建设

建立县域专业人才统筹使用制度，提高农村专业人才服务保障能

力。推动人才管理职能部门简政放权，保障和落实基层用人主体自主权。推行乡村教师“县管校聘”。实施好边远贫困地区、边疆民族地区和革命老区人才支持计划，继续实施“三支一扶”、特岗教师计划等，组织实施高校毕业生基层成长计划。支持地方高等学校、职业院校综合利用教育培训资源，灵活设置专业（方向），创新人才培养模式，为乡村振兴培养专业化人才。扶持培养一批农业职业经理人、经纪人、乡村工匠、文化能人、非遗传承人等。

县管校聘　“三支一扶”

3. 发挥科技人才支撑作用

全面建立高等院校、科研院所等事业单位专业技术人员到乡村和企业挂职、兼职和离岗创新创业制度，保障其在职称评定、工资福利、社会保障等方面的权益。

深入实施农业科研杰出人才计划和杰出青年农业科学家项目。

健全种业等领域科研人员以知识产权明晰为基础、以知识价值为导向的分配政策。

探索公益性和经营性农技推广融合发展机制，允许农技人员通过提供增值服务合理取酬。全面实施农技推广服务特聘计划。

4. 鼓励社会各界投身乡村建设

建立有效激励机制，以乡情乡愁为纽带，吸引支持企业家、党政干部、专家学者、医生教师、规划师、建筑师、律师、技能人才等，通过下乡担任志愿者、投资兴业、包村包项目、行医办学、捐资捐物、法律服务等方式服务乡村振兴事业。

研究制定管理办法，允许符合要求的公职人员回乡任职。吸引更多人才投身现代农业，培养造就新农民。

加快制定鼓励引导工商资本参与乡村振兴的指导意见，落实和完善融资贷款、配套设施建设补助、税费减免、用地等扶持政策，明确政策边界，保护好农民利益。

发挥工会、共青团、妇联、科协、残联等群团组织的优势和力量，发挥各民主党派、工商联、无党派人士等积极作用，支持农村产业发展、生态环境保护、乡风文明建设、农村弱势群体关爱等。

实施乡村振兴“巾帼行动”。

加强对下乡组织和人员的管理服务，使之成为乡村振兴的建设性力量。

5. 创新乡村人才培育引进使用机制

建立自主培养与人才引进相结合，学历教育、技能培训、实践锻炼等多种方式并举的人力资源开发机制。建立城乡、区域、校地之间人才培养合作与交流机制。全面建立城市医生教师、科技文化人员等定期服务乡村机制。研究制定鼓励城市专业人才参与乡村振兴的政策。

第三章　统筹城乡融合发展促进乡村振兴

推进目标

推进县域城镇化，发展县域经济、做大做优县城、打造小城镇产业集群，形成县城、乡镇与村庄的联动，对于破解城乡二元结构、实现城乡融合发展和全面推进乡村振兴意义重大。

理论依据

党的十九届五中全会提出，要“全面实施乡村振兴战略，强化以工补农、以城带乡，推动形成工农互促、城乡互补、协调发展、共同繁荣的新型工农城乡关系，加快农业农村现代化”。统筹城乡融合发展与乡村振兴已经成为“十四五”时期的重要内容。

实施举措

一、统筹城乡融合发展的背景

（一）统筹城乡融合发展促进乡村振兴

在全面建设社会主义现代化国家新征程中，农村始终扮演着不可取代的重要角色。近年来，我国出现了农业劳动力就近非农就业的新趋向，为以县域城镇化为抓手、加快城乡融合发展提供了新机会，为全面推进乡村振兴提供了新契机。

农业劳动力就近非农就业的新趋向

（二）推动城乡均衡发展

农村人口向城市的转移是国家现代化发展转型的重要标志。伴随城乡二元体制的松动、农村户籍管制的放松、农民自由择业的赋权，农村劳动力逐渐向城镇大规模转移，促进了中国工业化与城镇化的快速发展。立足新发展阶段、贯彻新发展理念、构建新发展格局，推动城乡均衡发展逐渐成为中国经济高质量发展的基本要求。

对实现城乡融合发展和全面推进乡村振兴的重大意义：

1. 促进农业人口转移，推进农业规模经营

县域城镇准入门槛的适当降低，有助于人地关系的松动，继而提高土地资源的利用效率。而农民的就近转移，为农业现代化发展提供了人力资本保障，有助于培育多样化的新型农业经营主体。此外，伴

随农业社会化服务体系的建立健全，小农户能够以迂回投资的方式融入，并通过农业服务规模经营，促进小农户与现代农业的有效衔接。

2. 促进产业融合，拓展农民功能性增收

共建、共营、共治、共享

县城与县域经济的发展，通过改善聚集效应与规模经济性，有助于返乡农民的创新创业，由此盘活乡村资源，促进农业生产性服务业创新发展及农村一二三产业融合发展；在发挥农业在产品与要素供给功能的基础上，通过“共建、共营、共治、共享”，加快农业多种功能和农村多元价值开发，助推农民获得功能性增收。

（三）统筹城乡发展的科学内涵

统筹城乡发展，是相对于城乡分割的“二元经济社会结构”而言的，它要求把农村经济与社会发展纳入整个国民经济与社会发展全局之中进行通盘筹划、综合考虑，以城乡经济社会一体化发展为最终目标，统筹城乡物质文明、政治文明、精神文明和生态环境建设，统筹解决城市和农村经济社会发展中出现的各种问题，打破城乡界线，优化资源配置，实现共同繁荣。

统筹城乡经济社会发展的实质是给城乡居民平等的发展机会，通过城乡布局规划、政策调整、国民收入分配等手段，促进城乡各种资源要素的合理流动和优化配置，不断增强城市对农村的带动作用和农

村对城市的促进作用，缩小城乡差距、工农差距和地区差距，使城乡经济社会实现均衡、持续、协调发展，促进城乡分割的传统“二元经济社会结构”向城乡一体化的现代“一元经济社会结构”转变。

一句话，统筹城乡发展，就是让城里有的农村也有，让城里人过的好生活农民也一样能享受，农村与城市齐步前进。

让城里有的农村也有，让城里人过的好生活农民也一样能享受，农村与城市齐步前进

统筹城乡发展，包括以下几个方面的具体内容：

（1）统筹城乡发展思路。

（2）统筹城乡产业结构调整。

（3）统筹城乡规划建设。

（4）统筹城乡配套改革。

（5）统筹国民收入分配。

（6）统筹行政管理体制。

“去农村化”

党的十八届三中全会明确提出，促进城镇化和新农村建设协调推进。因此，城乡规划要统筹考虑，城镇化要带动新农村建设，而不能取代新农村建设，搞所谓“去农村化”。城乡一体化不是城乡同样化，新农村应该是升级版的农村，而不应该是缩小版的城市。城镇和农村要和谐一体，各具特色，相互辉映，不能有巨大反差，也不能没有区别，否则就会城镇不像城镇，农村不像农村。一些地方在推进城镇化过程中的某些“去农村化”的做法，是不符合中国国情的，也是不符合城乡统筹发展原则和大国现代化规律的。

（四）统筹城乡发展存在的问题

现在，工农产品价格“剪刀差”逐步消除，基本实现了商品平等交换。但是，城乡之间、工农之间的要素不平等交换仍然存在，包括

土地、资金、劳动力。

1. 土地

城市建设、工业项目、开发区从农村征用了大量土地，尽管征地补偿费用在逐年提高，但还是大大低于土地市场价格，土地征用和开发转让过程中大量的级差地租被转移到城市建设和工业发展。很多地方的城市建设特别是基础设施建设，用的主要是土地出让收入。这是一个不平等交换。

农村土地大量被征用

2. 劳动力

每年有 2.6 亿农民外出打工，其中 1.6 亿进城打工。近年来由于中央高度重视，制定了若干保护农民工权益的政策性文件，农民工的工资水平在逐年提高，社会保险也在逐步增加。但与城市职工相比，与企业利润收益相比，农民工的工资还是偏低的，社会保障水平也是偏低的。农民进城打工留给城里的“剩余价值”也是巨大的。这又是一个不平等交换。

农民外出打工

3. 资金

一方面，农民和农业积累的有限资金转为存款大量流入城市，流入工业项目，而农业发展缺乏资金支持，农民普遍贷款难。另一方面，因为资金缺乏，农民贷款融资成本又比城市高。农村信用社是农业贷款的主力军，为了鼓励农信社增加贷款，不得不给他们一个利率上浮的政策。至于农民通过民间借贷而来的钱，所支付的利息就更高了。这实际上又是一个不平等交换。

应该说，要素的不平等交换是农业农村发展相对滞后的重要原因，也是城乡利益不均等的突出表现。这些问题都要在实践中逐步加以解决。

资金大量流入城市

二、统筹城乡融合发展的保障措施

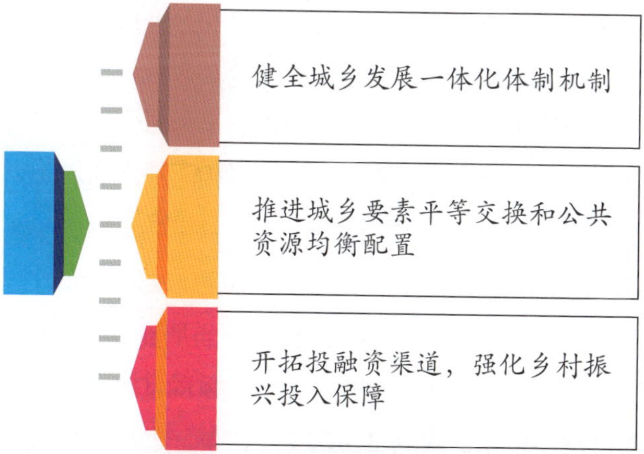

（一）健全城乡发展一体化体制机制

城乡发展一体化是解决我国“三农”问题的根本途径，必须坚持工业反哺农业、城市支持农村的基本方针，协调推进城镇化和新农村建设，加快形成以工促农、以城带乡、工农互惠、城乡一体的新型工农城乡关系，努力缩小城乡发展差距。

以工促农、以城带乡、工农互惠、城乡一体的新型工农城乡关系，努力缩小城乡发展差距

1. 完善城乡发展一体化的规划体制

加快规划体制改革，构建适应我国城乡统筹发展的规划编制体系，完善各类规划编制、审批和实施监管制度，健全县市域空间规划衔接协调机制。尽快修订完善县域乡村建设规划和镇、乡、村庄规划，在乡镇土地利用总体规划控制下，探索编制村土地利用规划，提高规划科学性和前瞻性，强化规划约束力和引领作用。

2. 完善农村基础设施建设投入和监管机制

进一步加大公共财政对农村基础设施建设的投入力度。加快基础设施向农村延伸，探索建立城乡基础设施和公共服务设施互联互通、共建共享的机制。创新农村基础设施和公共服务设施决策、投入、建设和运行管护机制，建立自下而上的民主决策机制，通过村民自选、自建、自管、自用等方式，更好地发挥农民主体作用。积极引导社会资本参与农村公益性基础设施建设、管护和运营。

3. 推进形成城乡基本公共服务均等化的体制机制

完善县域城乡义务教育资源均衡配置的机制。建立城乡统筹的公共文化服务体系、协调机制。建立覆盖城乡的基本医疗卫生制度，整合城乡居民基本医疗保险制度。健全全国统一的城乡居民基本养老保

险制度，完善待遇确定和正常调整机制。推进最低生活保障制度城乡统筹发展。加强农村留守儿童、妇女、老人关爱服务体系建设。规范基本公共服务标准体系，促进城乡区域标准水平统一衔接可持续，完善综合监测评估制度。鼓励地方开展统筹城乡的基本公共服务制度改革试点。

4. 加快推进户籍制度改革

充分考虑各类城镇的经济社会发展水平、综合承载能力和提供基本公共服务能力，细化完善和实施差别化落户政策，促进有能力在城镇稳定就业和生活的常住人口有序实现市民化。加快建立和实施居住证制度，以居住证为载体，逐步实现基本公共服务对常住人口的全覆盖。构建政府、企业、个人共同参与的农业转移人口市民化成本分担机制，明确各级政府承担的相应支出责任，增强吸纳农业转移人口较多地区政府公共服务保障能力。切实维护进城落户农民的土地承包权、宅基地使用权、集体收益分配权。

5. 完善城乡劳动者平等就业制度

进一步清理针对农民工就业的歧视性规定，保障城乡劳动者平等就业的权利。加强覆盖城乡的公共就业创业服务体系建设。完善就业失业登记管理制度。落实鼓励农村劳动力创业政策。落实农民工与城镇职工同工同酬原则，突出解决好农民工工资拖欠问题。扩大农民工参加城镇社会保障覆盖面，把进城落户的农业转移人口完全纳入城镇社会保障体系。完善社会保障关系转移接续政策。

平等就业

就业失业登记管理制度

同工同酬原则

解决好农民工工资拖欠问题

社会保障关系转移接续政策

（二）推进城乡要素平等交换和公共资源均衡配置

平等交换

均衡配置

公平分享土地增值收益

《中共中央关于全面深化改革若干重大问题的决定》指出，推进城乡要素平等交换和公共资源均衡配置。

维护农民生产要素权益，保障农民工同工同酬，保障农民公平分享土地增值收益，保障金融机构农村存款主要用于农业农村。

健全农业支持保护体系，改革农业补贴制度，完善粮食主产区利益补偿机制。

完善农业保险制度。鼓励社会资本投向农村建设，允许企业和社会组织在农村兴办各类事业。

统筹城乡基础设施建设和社区建设，推进城乡基本公共服务均等化。

在工业化、城镇化过程中，城市和工业的经济效益明显高于农业和农村。在市场自发作用下，农业和农村本已相对缺乏的土地、资金、劳动力等生产要素会迅速向工业和城市流动，特别是向大城市聚集。

随着城市的快速发展与扩张，工业用地急剧增加，每年都有大量土地包括耕地转入城市和非农产业。农村和农业的发展资金原本就严重缺乏，农村的存款仍在大量进城，几乎所有的县都存在着大比例的存贷差。大量农村人才特别是年轻劳动力进城打工，在为农民增加就业和收入的同时，也导致了农业高素质劳动力和人才的流失，不少地方已经出现主要靠留守老人和妇女种田的情况。

工业化、城镇化使农村的生产要素进城，是许多国家现代化过程中的一个历史普遍现象。因此，实践中一定要统筹城乡发展，防止因强调城镇化而忽视农业、农村、农民，防止各级干部注意力转移而导致资源要素配置偏离。

（三）开拓投融资渠道，强化乡村振兴投入保障

实施乡村振兴战略，必须解决钱从哪里来的问题。要健全投入保障制度，创新投融资机制，加快形成财政优先保障、金融重点倾斜、社会积极参与的多元投入格局，确保投入力度不断增强、总量持续增加。

1. 确保财政投入持续增长

确保财政投入持续增长

建立健全实施乡村振兴战略财政投入保障制度，公共财政更大力度向“三农”倾斜，确保财政投入与乡村振兴目标任务相适应。优化财政供给结构，推进行业内资金整合与行业间资金统筹相互衔接配合，增加地方自主统筹空间，加快建立涉农资金统筹整合长效机制。充分

发挥财政资金的引导作用，撬动金融和社会资本更多投向乡村振兴。切实发挥全国农业信贷担保体系作用，通过财政担保费率补助和以奖代补等，加大对新型农业经营主体支持力度。加快设立国家融资担保基金，强化担保融资增信功能，引导更多金融资源支持乡村振兴。支持地方政府发行一般债券用于支持乡村振兴、脱贫攻坚领域的公益性项目。稳步推进地方政府专项债券管理改革，鼓励地方政府试点发行项目融资和收益自平衡的专项债券，支持符合条件、有一定收益的乡村公益性项目建设。规范地方政府举债融资行为，不得借乡村振兴之名违法违规变相举债。

2. 提高金融服务水平

坚持农村金融改革发展的正确方向，健全适合农业农村特点的农村金融体系，推动农村金融机构回归本源，把更多金融资源配置到农村经济社会发展的重点领域和薄弱环节，更好满足乡村振兴多样化金融需求。要强化金融服务方式创新，防止脱实向虚倾向，严格管控风险，提高金融服务乡村振兴能力和水平。抓紧出台金融服务乡村振兴的指导意见。加大中国农业银行、中国邮政储蓄银行“三农”金融事业部对乡村振兴支持力度。明确国家开发银行、中国农业发展银行在乡村振兴中的职责定位，强化金融服务方式创新，加大对乡村振兴中长期信贷支持。推动农村信用社省联社改革，保持农村信用社县域法人地位和数量总体稳定，完善村镇银行准入条件，地方法人金融机构要服务好乡村振兴。普惠金融重点要放在乡村。推动出台非存款类放贷组织条例。制定金融机构服务乡村振兴考核评估办法。支持符合条件的涉农企业发行上市、新三板挂牌和融资、并购重组，深入推进农产品期货期权市场建设，稳步扩大“保险 + 期货”试点，探索“订单农业 + 保险 + 期货（权）”试点。改进农村金融差异化监管体系，落实地方政府金融风险防范处置责任。

扩大"保险＋期货"试点

探索"订单农业＋保险＋期货（权）"试点

三、统筹城乡融合发展的发展方向

（一）推动农村基础设施提档升级

继续把基础设施建设重点放在农村，加快农村公路、供水、供气、环保、电网、物流、信息、广播电视等基础设施建设，推动城乡基础设施互联互通。以示范县为载体全面推进"四好农村路"建设，加快实施通村组硬化路建设。加大成品油消费税转移支付资金用于农村公路养护力度。推进节水供水重大水利工程，实施农村饮水安全巩固提升工程。加快新一轮农村电网改造升级，制定农村通动力电规划，推进农村可再生能源开发利用。实施数字乡村战略，做好整体规划设计，加快农村地区宽带网络和第四代移动通信网络覆盖步伐，开发适应"三农"特点的信息技术、产品、应用和服务，推动远程医疗、远程教育等应用普及，弥合城乡数字鸿沟。提升气象为农服务能力。抓紧研究提出深化农村公共基础设施管护体制改革指导意见。

农村供水升级

- 推进节水供水重大水利工程
- 实施农村饮水安全巩固提升工程

农村能源

- 加快新一轮农村电网改造升级
- 制定农村通动力电规划
- 推进农村可再生能源开发利用

农村数字化

- 实施数字乡村战略
- 加快农村地区宽带网络覆盖步伐
- 加快农村地区第四代移动通信网络覆盖步伐
- 开发适应“三农”特点的信息技术、产品、应用和服务
- 推动远程医疗、远程教育等应用普及

农村公路升级

- 以示范县为载体
- 全面推进“四好农村路”建设
- 加快实施通村组硬化路建设
- 加大成品油消费税转移支付资金

（二）赋予农民更多财产权利

赋予农民更多财产权利是健全城乡发展一体化体制机制、推进城乡发展一体化的重要内容和要求。

1. 赋予农民更多财产权利，是实现城乡居民财产权利平等的必然要求

目前我国城乡不平等的一个深层次表现是，农民和市民所享有的财产权利不平等。比如，城镇居民购买的房屋具有完整产权，可以抵押、担保、买卖，农民自己在宅基地上合法建造的房屋却不具有完整财产权，不能抵押、担保，也不能出售到本集体经济组织成员以外。企业获得的国有土地使用权可以用于抵押、担保等活动，农民拥有的集体土地使用权不能用于抵押、担保等活动。农民对农村集体资产拥有所

有权，但这些权利在经济上缺乏有效的实现形式。财产权利的不足，严重制约农户财富的培育、积累、扩大，制约农户财产进入社会财产增值体系、信用体系、流动体系，制约农民同城镇居民在经济权利上的平等，制约城乡一体化发展。

2. 赋予农民更多财产权利，是增加农民收入和财富、缩小城乡收入差距的必然要求

农业农村农民问题，核心是农民收入问题。农民收入水平低、增长慢，城乡居民收入差距大，不仅不利于农业农村发展和农民生活水平提高，而且制约内需特别是消费需求扩大和经济持续稳定增长，对巩固工农联盟和实现社会和谐稳定也会形成不利影响。

根据统计资料计算，2021 年农民人均纯收入只相当于城镇居民人均可支配收入的 39.9%，相较 2017 年，年均增长率为 1.97%，说明城镇居民人均可支配收入增长速度始终大于农村人均纯收入，收入差距不断拉大，如果剔除城乡居民收入核算方法和内容的不可比因素，把农民人均纯收入也转换为可支配收入，则农民人均收入水平相当于城镇居民的比例还要更低一些。

所以，持续较快增加农民收入，缩小农村与城镇居民收入差距，是缩小城乡差距和推进城乡一体化发展的要求，对解决好“三农”问题乃至对整个经济社会发展全局都具有重要意义。

增加农民收入

增加农民收入，需要培育新空间和开辟新途径。从农民收入构成看，家庭经营性收入、工资性收入、转移性收入、财产性收入4个部分中，财产性收入所占比重很低，是增加农民收入最大的潜力所在。应该把增加财产性收入作为促进农民增收的重要途径，采取多种措施大力推动农民增加财产性收入。赋予农民更多财产权利，推动农民财产权利在经济上有效充分实现，就可以有效增加农民财产性收入，使财产性收入成为农民增收的新的增长点，从而有效拉动农民收入持续较快增长，逐步缩小城乡居民收入差距。

赋予农民更多财产权利，在内涵上就是要保障农民依法享有平等的财产权利。积极发展农民股份合作，赋予农民对集体资产股份占有、收益、有偿退出及抵押、担保、继承权，使农民依法获得集体资产股份分红收益；充实农民土地使用权权能，赋予农民对承包地占有、使用、收益、流转及承包经营权抵押、担保权能，允许农民以承包经营权入股发展农业产业化经营，使农民依法获得土地股权投资收益；鼓励承包经营权向专业大户、家庭农场、农民合作社、农业企业流转，使农民依法获得土地流转收益；保障农户宅基地用益物权，改革完善农村宅基地制度，通过试点慎重稳妥推进农民住房财产权抵押、担保、转让，使农民依法获得宅基地和房产转让收益；允许农村集体经营性建设用地出让、租赁、入股，实行与国有土地同等入市、同权同价，建立兼顾国家、集体、个人的土地增值收益分配机制，合理提高个人收益，使农民公平分享土地增值收益，推动财产真正成为农民发展和致富的重要手段。

3. 赋予农民更多财产权利的方法

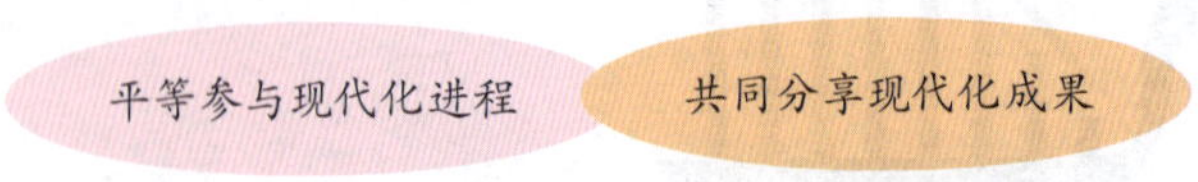

农村改革以来，最重要的一条经验就是尊重农民物质利益，以此调动农民积极性。实行“大包干”、提高农产品收购价格、取消农业税、实行农业补贴，都是为了增加农民的物质利益。在新的历史起点上全面深化农村改革，必须继续尊重农民物质利益，让广大农民平等参与现代化进程、共同分享现代化成果。这是新形势下进一步尊重农民物质利益的必然要求。

（1）赋予农民公平分享土地增值收益的权利：

①缩小征地范围：

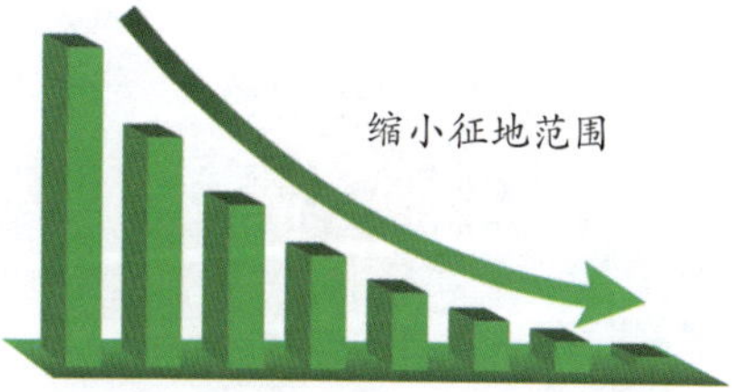

《中华人民共和国土地管理法》规定，任何单位和个人进行建设，需要使用土地的，必须依法申请使用国有土地。这意味着工业化城镇化推进到哪里，必须先把哪里的集体土地征收为国家所有，然后才能出让给各类建设项目使用。这是城镇化进程中涉地矛盾的总根源。从根本上解决这个矛盾，必须回归到“国家为了公共利益的需要”才行使征地权的宪法规定上来。这需要一个过程。现阶段可以有选择地缩小征地范围。

②完善补偿机制：

我国正处于城镇化快速发展阶段，城镇连片开发建设中既有公益性项目，也有经营性项目，严格按公共利益原则行使征地权很难操作，城镇化所需的土地大部分今后还要继续通过征收取得。

（2）赋予土地承包经营权抵押、担保权能：

改革开放初期，农民仅获得生产经营自主权。随着土地承包期的延长，国家、集体与农民利益关系的调整，农民获得的土地承包经营权的权能逐步扩大。十七届三中全会《决定》明确要求，“赋予农民更加充分而有保障的土地承包经营权，现有土地承包关系要保持稳定并长久不变”，“完善土地承包经营权权能，依法保障农民对承包土地的占有、使用、收益等权利”。完整的产权包括占有、使用、收益、处分四项权能。实际上农民早已获得出租、转包、转让等部分处分权。十八届三中全会《决定》[①]指出，“赋予农民对承包地占有、使用、收益、流转及承包经营权抵押、担保权能，允许农民以承包经营权入股发展农业产业化经营”。这就使土地承包经营权所包含的处分权更加完整。

尊重集体所有权、划断农户承包权、保护务农者经营权

需要注意的是，在稳定和完善农村基本经营制度的过程中，不断扩大土地承包经营权的权能有其时代背景，是正确和必要的，保障了承包户的权益，促进了农业发展，维护了农村稳定。但随着农村人口转移，承包主体与经营主体分离的现象越来越多，需要好好研究农村

①党的十八届三中全会通过的《中共中央关于全面深化改革若干重大问题的决定》（简称《决定》），是一份具有里程碑意义的重要文件，对中国走什么路、向何处去，以及深化国防和军队改革等带有方向性、战略性的重大问题作出了旗帜鲜明的回答。

土地所有权、承包权、经营权三者之间的关系。可考虑按照“尊重集体所有权、划断农户承包权、保护务农者经营权”的思路，完善农村基本经营制度。在坚持集体所有前提下，承包权要赋予有资格的人，以体现公平；经营权要配置给有能力的人，以体现效率。只有这样，才能更好地适应推进城镇化和现代农业的新要求。“尊重集体所有权”，就是要尊重集体经济组织在占有、处分方面的权能，发挥其在处理土地撂荒方面的监督作用、在平整和改良土地方面的主导作用、在促进土地适度规模经营方面的桥梁作用。“划断农户承包权”，就是要界定集体成员资格、锁定集体成员范围，在起点公平的基础上落实“长久不变”，并对承包权的权能边界进行清晰界定。“保护务农者经营权”，就是要适应承包主体与经营主体分离的新趋势，对实际从事农业生产的经营者给予更多支持和保护，让务农种粮者得实惠。

（3）扩大农民住房财产权的权能：

一户一宅、免费取得、长期占有、村内流转、退出无偿

我国现行宅基地制度的基本特征是，“一户一宅、免费取得、长期占有、村内流转、退出无偿”。因为宅基地使用权还不能抵押、流转，农民的住房附着在不能流转的宅基地上，导致农民房屋价值不能得到充分体现。农村人口流动日趋频繁，农村空心屋不断增多，大量房屋闲置，非常可惜。为解决这个问题，十八届三中全会《决定》提出，“保障农户宅基地用益物权，改革完善农村宅基地制度，选择若干试点，慎重稳妥推进农民住房财产权抵押、担保、转让，探索农民增加财产性收入渠道”。

（4）扩大集体资产股份的权能：

除承包地、宅基地外，一些地方特别是城郊农村，还有大量的集体经营性资产。随着集体经营性建设用地平等入市，一些地方的村级集体资产将会大幅度增加。如何用制度管好这些集体资产，关系农民

切身利益，也关系村干部自身利益。十八届三中全会《决定》要求，“保障农民集体经济组织成员权利，积极发展农民股份合作，赋予农民对集体资产股份占有、收益、有偿退出及抵押、担保、继承权”。在这方面，改革的空间更大、法律障碍更小、步伐应该更快。

农民变股东、资产变股权

从“共同共有”到“按份共有”

为此，在集体资产较多的地方，应该加快推进集体产权制度改革。方向是将集体资产折股量化到有集体经济组织成员资格的所有人，实现“农民变股东、资产变股权”，实现从“共同共有”到“按份共有”的转变。农民获得的集体资产股权，不仅应有占有、收益的权能，而且应有处分的权能，也就是可以抵押、担保、转让、继承。农民既可以长期持有集体股权，也可以有偿退出集体股权。这有利于人口流动。在不断完善治理结构的基础上，甚至可以增资扩股，使集体经济的产权结构更加开放，而不是继续封闭。这可以增强其活力。

（5）承包地“三权分离”：

承包地的“三权”即承包地的所有权、承包权、经营权。农村改革前，农村集体土地是所有权和经营权合一，土地集体所有、集体统一经营。搞家庭联产承包制，把土地所有权和承包经营权分开，所有权归集体，承包经营权归农户，这是我国农村改革的重大创新。

近年来，随着大量农民进城务工，相当一部分承包土地的农户不再种地了。20 世纪 80 年代初推行“包产到户”时，99% 以上的农业经营主体都是承包户，土地承包者就是经营者。现在，承包经营权流转的农民家庭越来越多，土地承包权主体同经营权主体发生分离。经营权是从承包经营权中分离出来的一种相对独立的权利，需要在承包权与经营权之间审慎分割农地的占有、使用、收益、处分权能，既不能引发承包权利人的不满，又要体现对经营权利人的保护。为了顺应农民保留土地承包权、流转土地经营权的意愿，把农民土地承包经营权分为承包权和经营权，形成所有权、承包权、经营权“三权”并行分置的新型农地制度，这是我国农村改革的又一次重大创新。

实际上，承包权与经营权相分离的趋势早已出现，且形成了相当规模。数据显示，目前农民承包土地的经营权流转面积超过了承包总面积的 1/4。2013 年 7 月，习近平总书记在湖北调研时强调，深化农村改革，完善农村基本经营制度，要好好研究农村土地所有权、承包权、经营权三者之间的关系。2014 年中央一号文件再次明确，在落实农村土地集体所有权的基础上，稳定农户承包权、放活土地经营权。

（6）逐步形成的“三权分置”格局：

完善“三权分置”办法，不断探索农村土地集体所有制的有效实现形式，落实集体所有权，稳定农户承包权，放活土地经营权，充分发挥“三权”的各自功能和整体效用，形成层次分明、结构合理、平等保护的格局。

①始终坚持农村土地集体所有权的根本地位：

农村土地农民集体所有，是农村基本经营制度的根本，必须得到充分体现和保障，不能虚置。土地集体所有权人对集体土地依法享有占有、使用、收益和处分的权利。农民集体是土地集体所有权的权利主体，在完善“三权分置”办法过程中，要充分维护农民集体对承包地发包、调整、监督、收回等各项权能，发挥土地集体所有的优势和作用。农民集体有权依法发包集体土地，任何组织和个人不得非法干预；有权因自然灾害严重毁损等特殊情形依法调整承包地；有权对承包农户和经营主体使用承包地进行监督，并采取措施防止和纠正长期抛荒、毁损土地、非法改变土地用途等行为。承包农户转让土地承包权的，应在本集体经济组织内进行，并经农民集体同意；流转土地经营权的，须向农民集体书面备案。集体土地被征收的，农民集体有权就征地补偿安置方案等提出意见并依法获得补偿。通过建立健全集体经济组织民主议事机制，切实保障集体成员的知情权、决策权、监督权，确保农民集体有效行使集体土地所有权，防止少数人私相授受、谋取私利。

②严格保护农户承包权：

农户享有土地承包权是农村基本经营制度的基础，要稳定现有土地承包关系并保持长久不变。土地承包权人对承包土地依法享有占有、使用和收益的权利。农村集体土地由作为本集体经济组织成员的农民家庭承包，不论经营权如何流转，集体土地承包权都属于农民家庭。任何组织和个人都不能取代农民家庭的土地承包地位，都不能非法剥夺和限制农户的土地承包权。在完善“三权分置”办法过程中，要充分维护承包农户使用、流转、抵押、退出承包地等各项权能。承包农户有权占有、使用承包地，依法依规建设必要的农业生产、附属、配套设施，自主组织生产经营和处置产品并获得收益；有权通过转让、互换、出租（转包）、入股或其他方式流转承包地并获得收益，任何组织和个人不得强迫或限制其流转土地；有权依法依规就承包土地经营权设定抵押、自愿有偿退出承包地，具备条件的可以因保护承包地获得相关补贴。承包土地被征收的，承包农户有权依法获得相应补偿，符合条件的有权获得社会保障费用等。不得违法调整农户承包地，不得以退出土地承包权作为农民进城落户的条件。

③加快放活土地经营权：

赋予经营主体更有保障的土地经营权，是完善农村基本经营制度的关键。土地经营权人对流转土地依法享有在一定期限内占有、耕作并取得相应收益的权利。在依法保护集体所有权和农户承包权的前提下，平等保护经营主体依流转合同取得的土地经营权，保障其有稳定的经营预期。在完善“三权分置”办法过程中，要依法维护经营主体从事农业生产所需的各项权利，使土地资源得到更有效合理的利用。经营主体有权使用流转土地自主从事农业生产经营并获得相应收益，经承包农户同意，可依法依规改良土壤、提升地力，建设农业生产、附属、配套设施，并依照流转合同约定获得合理补偿；有权在流转合同到期后按照同等条件优先续租承包土地。经营主体再流转土地经营权或依法依规设定抵押，须经承包农户或其委托代理人书面同意，并向农民集体书面备案。流转土地被征收的，地上附着物及青苗补偿费应按照流转合同约定确定其归属。承包农户流转出土地经营权的，不应妨碍经营主体行使合法权利。加强对土地经营权的保护，引导土地经营权流向种田能手和新型经营主体。支持新型经营主体提升地力、改善农业生产条件、依法依规开展土地经营权抵押融资。鼓励采用土地股份合作、土地托管、代耕代种等多种经营方式，探索更多放活土地经营权的有效途径。

④逐步完善“三权”关系：

农村土地集体所有权是土地承包权的前提，农户享有承包经营权是集体所有的具体实现形式，在土地流转中，农户承包经营权派生出土地经营权。支持在实践中积极探索农民集体依法依规行使集体所有权、监督承包农户和经营主体规范利用土地等的具体方式。鼓励在理论上深入研究农民集体和承包农户在承包土地上、承包农户和经营主体在土地流转中的权利边界及相互权利关系等问题。通过实践探索和理论创新，逐步完善“三权”关系，为实施“三权分置”提供有力支撑。

（7）确保“三权分置”有序实施：

完善“三权分置”办法涉及多方权益，是一个渐进过程和系统性工程，要坚持统筹谋划、稳步推进，确保“三权分置”有序实施。

①扎实做好农村土地确权登记颁证工作：

确认“三权”权利主体，明确权利归属，稳定土地承包关系，才能确保“三权分置”得以确立和稳步实施。要坚持和完善土地用途管制制度，在集体土地所有权确权登记颁证工作基本完成的基础上，进一步完善相关政策，及时提供确权登记成果，切实保护好农民的集体土地权益。加快推进农村承包地确权登记颁证，形成承包合同网签管理系统，健全承包合同取得权利、登记记载权利、证书证明权利的确权登记制度。提倡通过流转合同鉴证、交易鉴证等多种方式对土地经营权予以确认，促进土地经营权功能更好实现。

②建立健全土地流转规范管理制度：

规范土地经营权流转交易，因地制宜加强农村产权交易市场建设，逐步实现涉农县（市、区、旗）全覆盖。健全市场运行规范，提高服务水平，为流转双方提供信息发布、产权交易、法律咨询、权益评估、抵押融资等服务。加强流转合同管理，引导流转双方使用合同示范文本。完善工商资本租赁农地监管和风险防范机制，严格准入门槛，确保土地经营权规范有序流转，更好地与城镇化进程和农村劳动力转移规模相适应，与农业科技进步和生产手段改进程度相适应，与农业社会化服务水平相适应。加强农村土地承包经营纠纷调解仲裁体系建设，完善基层农村土地承包调解机制，妥善化解土地承包经营纠纷，有效维护各权利主体的合法权益。

③构建新型经营主体政策扶持体系：

完善新型经营主体财政、信贷保险、用地、项目扶持等政策。积极创建示范家庭农场、农民专业合作社示范社、农业产业化示范基地、农业示范服务组织，加快培育新型经营主体。引导新型经营主体与承包农户建立紧密利益联结机制，带动普通农户分享农业规模经营收益。支持新型经营主体相互融合，鼓励家庭农场、农民专业合作社、农业产业化龙头企业等联合与合作，依法组建行业组织或联盟。依托现代农业人才支撑计划，健全新型职业农民培育制度。

④完善“三权分置”法律法规：

积极开展土地承包权有偿退出、土地经营权抵押贷款、土地经营权入股农业产业化经营等试点，总结形成可推广、可复制的做法和经验，在此基础上完善法律制度。加快农村土地承包法等相关法律修订完善工作。认真研究农村集体经济组织、家庭农场发展等相关法律问题。研究健全农村土地经营权流转、抵押贷款和农村土地承包权退出等方面的具体办法。

（8）土地流转的含义以及原则：

土地流转是指土地使用权流转，即拥有土地承包经营权的农户将土地经营权（使用权）转让给其他农户或经济组织，即保留承包权，转让使用权。

生地流转应当遵循以下原则：①平等协商、自愿、有偿。土地流转必须是承包农户完全自愿，任何组织和个人不得强迫或者阻碍流转。土地流转期限、数量、补偿办法等具体问题，要由流转农户之间协商确定。②不得改变土地所有权的性质和土地的农业用途。③流转的期限不得超过承包期的剩余期限。④受让方须有农业经营能力。⑤在同等条件下，本集体经济组织内成员享有优先权。

（9）规范引导农村土地经营权有序流转：

①鼓励创新土地流转形式：

鼓励承包农户依法采取转包、出租、互换、转让及入股等方式流转承包地。鼓励有条件的地方制定扶持政策，引导农户长期流转承包地并促进其转移就业。鼓励农民在自愿前提下采取互换并地方式解决承包地细碎化问题。在同等条件下，本集体经济组织成员享有土地流转优先权。以转让方式流转承包地的，原则上应在本集体经济组织成员之间进行，且需经发包方同意。以其他形式流转的，应当依法报发包方备案。抓紧研究探索集体所有权、农户承包权、土地经营权在土地流转中的相互权利关系和具体实现形式。按照全国统一安排，稳步推进土地经营权抵押、担保试点，研究制定统一规范的实施办法，探索建立抵押资产处置机制。

②严格规范土地流转行为：

土地承包经营权属于农民家庭，土地是否流转、价格如何确定、形式如何选择，应由承包农户自主决定，流转收益应归承包农户所有。流转期限应由流转双方在法律规定的范围内协商确定。没有农户的书面委托，农村基层组织无权以任何方式决定流转农户的承包地，更不能以少数服从多数的名义，将整村整组农户承包地集中对外招商经营。防止少数基层干部私相授受，谋取私利。严禁通过定任务、下指标或将流转面积、流转比例纳入绩效考核等方式推动土地流转。

③加强土地流转管理和服务：

有关部门要研究制定流转市场运行规范，加快发展多种形式的土地经营权流转市场。依托农村经营管理机构健全土地流转服务平台，完善县乡村三级服务和管理网络，建立土地流转监测制度，为流转双方提供信息发布、政策咨询等服务。土地流转服务主体可以开展信息沟通、委托流转等服务，但禁止层层转包从中牟利。土地流转给非本村（组）集体成员或村（组）集体受农户委托统一组织流转并利用集体资金改良土壤、提高地力的，可向本集体经济组织以外的流入方收取基础设施使用费和土地流转管理服务费，用于农田基本建设或其他公益性支出。引导承包农户与流入方签订书面流转合同，并使用统一的省级合同示范文本。依法保护流入方的土地经营权益，流转合同到期后流入方可在同等条件下优先续约。加强农村土地承包经营纠纷调解仲裁体系建设，健全纠纷调处机制，妥善化解土地承包经营流转纠纷。

④合理确定土地经营规模：

各地要依据自然经济条件、农村劳动力转移情况、农业机械化水平等因素，研究确定本地区土地规模经营的适宜标准。防止脱离实际、违背农民意愿，片面追求超大规模经营的倾向。现阶段，对土地经营规模相当于当地户均承包地面积10至15倍、务农收入相当于当地二、三产业务工收入的，应当给予重点扶持。创新规模经营方式，在引导土地资源适度集聚的同时，通过农民的合作与联合、开展社会化服务等多种形式，提升农业规模化经营水平。

⑤扶持粮食规模化生产：

加大粮食生产支持力度，原有粮食直接补贴、良种补贴、农资综合补贴归属由承包农户与流入方协商确定，新增部分应向粮食生产规模经营主体倾斜。在有条件的地方开展按照实际粮食播种面积或产量对生产者补贴试点。对从事粮食规模化生产的农民合作社、家庭农场等经营主体，符合申报农机购置补贴条件的，要优先安排。探索选择运行规范的粮食生产规模经营主体开展目标价格保险试点。抓紧开展粮食生产规模经营主体营销贷款试点，允许用粮食作物、生产及配套辅助设施进行抵押融资。粮食品种保险要逐步实现粮食生产规模经营主体愿保尽保，并适当提高对产粮大县稻谷、小麦、玉米三大粮食品种保险的保费补贴比例。各地区各有关部门要研究制定相应配套办法，更好地为粮食生产规模经营主体提供支持服务。

⑥加强土地流转用途管制：

坚持最严格的耕地保护制度，切实保护基本农田。严禁借土地流转之名违规搞非农建设。严禁在流转农地上建设或变相建设旅游度假村、高尔夫球场、别墅、私人会所等。严禁占用基本农田挖塘栽树及其他毁坏种植条件的行为。严禁破坏、污染、圈占闲置耕地和损毁农田基础设施。坚决查处通过“以租代征”违法违规进行非农建设的行为，坚决禁止擅自将耕地“非农化”。利用规划和标准引导设施农业发展，强化设施农用地的用途监管。采取措施保证流转土地用于农业生产，可以通过停发粮食直接补贴、良种补贴、农资综合补贴等办法遏制撂荒耕地的行为。在粮食主产区、粮食生产功能区、高产创建项目实施区，不符合产业规划的经营行为不再享受相关农业生产扶持政策。合理引导粮田流转价格，降低粮食生产成本，稳定粮食种植面积。

（三）完善城镇化健康发展体制机制

完善城镇化健康发展体制机制。坚持走中国特色新型城镇化道路，推进以人为核心的城镇化，推动大中小城市和小城镇协调发展、产业和城镇融合发展，促进城镇化和新农村建设协调推进。优化城市空间结构和管理格局，增强城市综合承载能力。

推进城市建设管理创新。建立透明规范的城市建设投融资机制，允许地方政府通过发债等多种方式拓宽城市建设融资渠道，允许社会资本通过特许经营等方式参与城市基础设施投资和运营，研究建立城市基础设施、住宅政策性金融机构。完善设市标准，严格审批程序，对具备行政区划调整条件的县可有序改市。对吸纳人口多、经济实力强的镇，可赋予同人口和经济规模相适应的管理权。建立和完善跨区域城市发展协调机制。

推进农业转移人口市民化，逐步把符合条件的农业转移人口转为城镇居民。创新人口管理，加快户籍制度改革，全面放开建制镇和小城市落户限制，有序放开中等城市落户限制，合理确定大城市落户条件，严格控制特大城市人口规模。稳步推进城镇基本公共服务常住人口全覆盖，把进城落户农民完全纳入城镇住房和社会保障体系，在农村参加的养老保险和医疗保险规范接入城镇社保体系。建立财政转移支付同农业转移人口市民化挂钩机制，从严合理供给城市建设用地，提高城市土地利用率。

第四章　发展现代农业助推乡村振兴

推进目标

乡村振兴战略的总目标是农业农村现代化，总方针是坚持农业农村优先发展。没有农业农村现代，就没有整个国家的现代化。农业现代化就是农业生产手段现代化，生产技术科学化，经营方式产业化，产业布局区域化，基础设施现代化，生态环境现代化，农民生活现代化。而想要达到这些就需要乡村振兴战略的支持，从“产业兴旺”切入，以“生活富裕”结局，让乡村振兴战略为农业现代化铺路。

理论依据

习近平总书记明确指出：“党的十九大提出实施乡村振兴战略，这是加快农村发展、改善农民生活、推动城乡一体化的重大战略，要把发展现代农业作为实施乡村振兴战略的重中之重，把生活富裕作为实施乡村振兴战略的中心任务，扎扎实实把乡村振兴战略实施好。”

实施举措

一、现代农业的发展背景

（一）现代农业区别于传统农业的标志

外来的能源和物质进入循环过程

技术进步

形成一套从实际出发、能效较高、对农业进行支持保护的体系

现代农业组织体系

（1）区别传统农业和现代农业的第一个标志是物质能量循环的转变，即打破农业的能量流动和物质循环封闭圈，让外来的能源和物质进入循环过程。这个循环直到18世纪70年代以后才被打破，英国的工业革命是这个过程的起点，开始了由工业给农业提供现代能源和物质的进程。清朝末代科举状元江苏人张謇曾尝试过发展现代农业，他按照欧洲的方式开办了一个农场，从国外引进抽水机和购买化肥，进行实验，后因为柴油等原料中国不能生产，最终不能持续。直到20世纪50年代我国开始工业化进程后，新的能源和物质才开始大规模投入农业，农业现代化才得以快速推进。

（2）区别传统农业和现代农业的第二个重要标志是技术进步。传统农业的技术进步，是依靠农民自身在生产劳动中的经验积累逐步向前推进，过程非常缓慢。现在能看到的一些农具，自汉代以来到中华人民共和国成立初期几乎没有什么变化。现代农业则借鉴了工业和

科技领域的先进经验，由专业人员去研究育种、农具等。从技术应用看，我国农业运用现代科技和大工业提供技术的能力在不断增强。

（3）现代农业区别于传统农业的第三个明显标志是形成一套从实际出发、能效较高、对农业进行支持保护的体系。我国对农业的支持保护力度在不断加大，2012年，中央财政对种粮农民的生产直接补贴较2004年增长了10倍以上。从粮食价格看，国家为了稳定粮食市场，出台了粮食最低收购价制度，确保了农民获得稳定的收益。但与发达国家相比，我国对农业的支持保护力度还需要进一步加大。

（4）不能忽视的是，现代农业还有一个突出的标志，就是现代农业组织体系。随着农业现代化的推进，到20世纪50年代初，越来越多的经济学家、社会学家认为不能简单地把现代农业理解为现代技术物质问题，更涉及整个社会的体制和农村社会的组织问题。从经营组织看，要发展各种各样的合作组织，发展农业产业化经营，引导单家独户的农民向组织化、市场化转变。

（二）转变农业发展方式措施

针对农业发展面临日趋明显的资源和市场的双重约束，必须加快推进农业发展方式转变，促进资源的节约和综合利用，实现产品优质化、布局区域化、生产集约化、经营产业化，全面提高农产品质量安全水平和市场竞争能力。

高产、优质、高效、生态、安全

1. 加快调整农产品品种品质结构，不断提高农产品优质化水平

紧紧围绕“高产、优质、高效、生态、安全”的目标和要求，优化农产品品种品质结构。

（1）从源头抓起，实施好种子工程、畜禽水产良种工程，提高农业生产良种化水平。

（2）完善农业标准体系，建立农产品质量检验检测体系，全面开展农产品和食品质量认证，推行农业生产标准化。

（3）搞好动物疫病防治，加强畜禽粪便污染的治理和无害化利用，推广畜禽养殖清洁生产工艺，提高畜禽产品质量。

因地制宜，适应市场，依靠科技

2. 加快建设优势农产品产业带，不断提高农业生产布局区域化水平

立足自然资源优势和现有生产基础，因地制宜，适应市场，依靠科技，尽快做大做强一批农产品优势产区。品种上要突出区域特色、品质特色、功能特色，满足市场多样化和优质化的需求。布局上要尽快向最适宜区域集中，避免地区间结构雷同，最大限度地优化配置资源，充分挖掘资源潜力，形成新的生产能力，不断提高优势农产品的档次和水平。经营上要注重完善营销体系，培育龙头企业，延长产业链条，建立特色产业体系。

3. 加快发展资源节约型农业，不断提高农业经营集约化水平

（1）节约和集约利用土地。

（2）加快发展旱作节水农业。

（3）努力提高农业投入品利用效率。

（4）重点研发高强度、可降解地膜，以及高光合作用生态棚膜，推进农膜向高功能、低成本、无污染方向发展。

（5）开展农作物秸秆综合利用，推广机械化秸秆还田技术以及秸秆气化、固化成型、发电、养畜技术。

4. 加快完善企业与农民的利益联结机制，不断提高农业产业化经营水平

（1）加大对龙头企业的扶持力度。在科技、信息、财政、税收、金融等多方面对龙头企业给予支持，增强龙头企业的竞争力和带动力。

（2）努力提高农民的组织化程度。鼓励和引导农民、农技推广机构、农村经纪人、专业大户以及各类社会化服务组织，创办或领办各类专业合作组织，开展专业化、系列化服务，提高农民参与农业产业化经营的能力。

（3）健全企业和农民的利益联结机制，引导龙头企业与农户采取订单农业、向农户提供各种服务、最低保证价收购等形式，与农户形成相对稳定的购销关系。

（三）中国特色新型农业现代化道路

中国特色的农业现代化指的是在中国特定的条件下，运用现代科技、现代管理，合理开发、配置、使用各种农业要素资源，优化市场和生态环境，实现中国农业可持续发展的过程。中国特色的农业现代化，是由传统中国农业向现代中国农业转化的过程，是农业综合生产能力现代化的过程，是中国在特定的条件下，具有现代素质的农业劳动者利用现代农业生产手段，生产出能够满足社会需要的高质量的农业产品的过程。

发展中国特色农业现代化的四大目标

自中华人民共和国成立以来，积极探索中国特色的农业现代化道路，发展至今，形成了发展中国特色农业现代化的四大目标：生产条件现代化、生产组织社会化、生产技术科学化和生态环境可持续化。生产条件现代化，指运用现代的物质技术装备农业，改变传统、落后的生产手段，在农业中广泛使用机械和电力，实现农业机械化、电气化、园林化和水利化；生产组织社会化，指对农业的微观经济单元的布局进行合理引导，对社会分工进行协调，对专业化生产进行管理的过程；生产技术科学化，指把先进的科学技术广泛应用于农业，从而提高农产品产量，提升农产品质量，降低生产成本，保证食品安全；生态环境可持续化，指在发展现代农业的同时，要保护生态环境，使其可以长期、持久地发挥功效。

（四）中国特色新型农业现代化面临的形势

当前，推进农业现代化面临的内外部环境正在发生深刻变化，主要体现在以下几个方面。

1. 实现“四化同步”发展，要求加快农业现代化步伐

改革开放以来，我国工业化、信息化、城镇化快速发展，工农城乡关系发生深刻变化，但工农城乡发展不平衡的矛盾仍然突出，农业现代化发展滞后，成为现代化建设中最薄弱的环节和短板。

目前，农业劳均 GDP 仅相当于第二产业的 1/5、第三产业的 1/4，农业劳动生产率低、比较效益低，一二三产业发展不平衡，不仅影响农业农村经济社会发展，还会削弱工业化、信息化、城镇化进一步发展的基础。实现现代化建设大业，最艰巨、最繁重的任务在农业。新阶段，需要更加关注“四化”相辅相成的关系，利用工业化、信息

化和城镇化给农业现代化带来的重大机遇，依靠工业化来改变农业生产方式，提升农业生产效率；依靠信息化来加大科技支撑，增强市场竞争力；依靠城镇化来吸纳转移人口，扩大农业生产经营规模，促进现代农业实现跨越式发展，为“四化同步”打下坚实基础。

2. 确保粮食等重要农产品有效供给，要求全面提升农业现代化发展水平

随着人口增加、城镇化水平提高和消费水平提升，我国农产品需求将持续增加。但从总体上看，我国粮食安全的基础仍不稳固，一方面，是农业的基础薄弱、物质装备水平不高、科技创新和技术推广能力不强、劳动力素质较低，这些问题越来越成为现代农业发展的瓶颈制约；另一方面，农业的粗放式发展又伴随着耕地和淡水资源紧张、投入品过度消耗、环境污染加剧等问题，发展质量不高、发展不可持续的问题不断凸显。要解决好地少水缺的资源环境约束，满足人民群众吃得好吃得安全的利益诉求，把饭碗牢牢端在自己手上，就必须加快转变农业发展方式，在注重粮食数量的同时，更加注重品质和质量安全；在保障当期供给的同时，更加注重农业可持续发展，探索走出一条新型农业现代化道路。

3. 融入全球农业一体化，要求增强我国农业的核心竞争力

当前，全球农业产业分工深入发展、农产品贸易规模持续扩大，给我国农业带来了机遇和挑战。

（1）一方面，出口优势农产品提高了农业生产经营效益，适度进口农产品弥补了国内农业资源要素的不足。

（2）另一方面，国内需求的快速

全球农业一体化

增长和生产成本的持续上升，使农产品进口规模增加、品种增多，农业产业面临的竞争压力越来越大。近年来，我国农产品进口额、逆差以及对外依存度均不断增长，据农业农村部数据显示，2019 年我国农产品进口额为 3019.4 亿美元，较 2016 年，每年增加 262.67 亿美元，由于新冠肺炎疫情影响，2020 年农产品进口额虽有所下降，但仍有上升趋势；2021 年，农产品逆差为 1354.7 亿美元，较 2016 年，农产品逆差年均增长 11.9%；而农产品进口中食用油籽进口比例最高，占总进口额的 26.4%，且我国农产品外贸依存度已经达到 25%。新阶段，需要更多地从全球范围思考我国农业的战略定位，更加积极地利用国际农产品市场和农业资源，加快实施农业走出去战略，培育具有国际竞争力的粮棉油等大型企业，不断提升我国农业的核心竞争力。

4. 经济社会结构深刻变化，要求创新农业农村发展的体制机制

当前，我国正处于工业化、城镇化加快推进的重要时期，城乡结构、产业结构、就业结构、社会阶层结构和社会组织形态加快调整，农业现代化进程不可避免地受到经济社会结构变化的深刻影响。

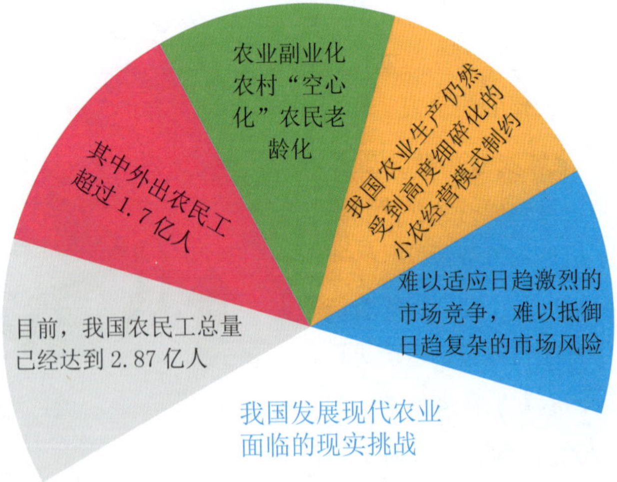

我国发展现代农业面临的现实挑战

目前，我国农民工总量已经达到2.87亿人，其中外出农民工超过1.7亿人，如何应对日本等国家出现过的农业副业化、农村“空心化”、农民老龄化等问题，已经成为我国发展现代农业面临的现实挑战。与此同时，我国农业生产仍然受到高度细碎化的小农经营模式制约，难以适应日趋激烈的市场竞争，难以抵御日趋复杂的市场风险，必须在坚持家庭经营基础性地位的同时，推进家庭经营、集体经营、合作经营、企业经营等共同发展的农业经营方式创新，以解决好地怎么种为导向，加快构建新型农业经营体系，发展多种形式规模经营，提高农业生产经营组织化程度，为现代农业建设提供制度保障。

二、现代农业的保障措施

（一）完善推进中国特色新型农业现代化政策措施

着眼我国农业现代化的目标任务，适应资源禀赋条件和经济社会发展阶段，针对制约我国现代农业发展的关键问题，应着力完善以下政策措施。

1. 加强农业基础设施建设

（1）切实加强耕地保护，加快高标准农田建设。

（2）启动农田污染治理工程，开展农田面源污染和重金属污染治理。

（3）加强农田水利设施建设。南方丘陵山区重点搞好山坪塘堰清淤改造和末级渠系建设，平原粮食主产区重点抓好小型泵站等提灌抗旱设施建设，西北干旱半干旱地区重点建设节水灌溉设施。

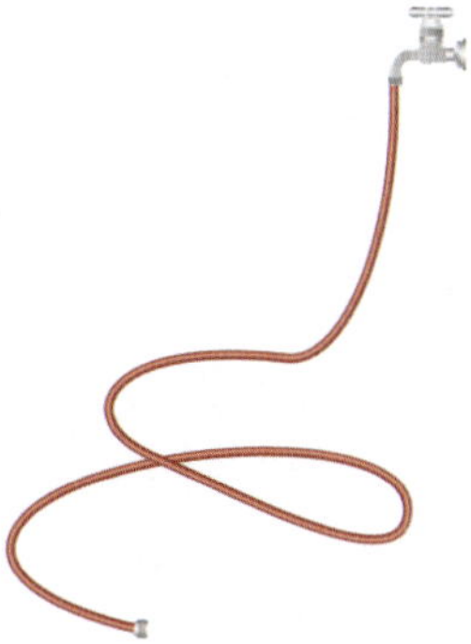

（4）改善相关公共基础设施。加快农村电网改造、乡村道路建设，改善农村生产生活条件。

2. 加快农业科技进步

（1）实施高产种业科技攻关工程。加大投入力度，围绕提高农产品产量开展科技攻关，努力培育出更多类似超级水稻这种突破性的高产品种。

（2）实施粮食增产模式攻关工程。以机械化为载体，深入推进农机农艺融合。对薄弱环节和技术瓶颈开展科技攻关，集成组装区域性、标准化高产高效技术模式。

（3）实施促进农业可持续发展技术研发工程。着力开展先进适用技术研发，推广节地、节水、节药、节能和节劳技术，降低生产成本，提高资源利用效率。

3. 加大对农业支持力度

（1）完善农业补贴政策体系。完善种粮直补、农资综合补贴政策制度，与农户承包地面积挂钩，并建立稳定增长机制，调动普通农户种粮积极性。

（2）设立粮食规模经营补贴（从市场化角度予以完善），与实际种粮面积挂钩，重点向种粮的专业大户、家庭农场和农民合作社倾斜，调动规模经营主体种粮积极性。

（3）构建价格支持体系。完善重点粮食品种最低收购价政策，合理确定并不断提高最低收购价，保持粮价合理水平。

（4）探索建立重要农产品目标价格和差价补贴制度，保障农民务农种粮收益。加大产粮大县奖补力度，调动主产区抓粮积极性。

4. 大力培育新型经营主体

（1）完善新型经营主体扶持政策。针对家庭农场等新型经营主体发展的不同阶段，确定扶持政策重点。

（2）发展初期帮助解决信贷担保、基础设施、土地流转、设施用地等问题，成长成熟阶段帮助解决质量安全、品牌建设等问题。

（3）对工商资本进入农业要加强监管，坚决禁止非农化，对非粮化行为也要加以引导。

（4）加快培养新型职业农民。确立新型职业农民标准，并制定相应的扶持政策，使农业成为“进入有要求、经营有效益、收入有保障、职业有尊严”的行业。

（5）建立高素质人才回流农村机制。支持大中专院校毕业生、返乡创业人员投身现代农业建设。

5. 深化农业农村体制改革

坚持市场化改革方向，重点实现以下突破：

（1）健全完善农村土地制度：加强土地物权保护，探索建立农村土地承包权、经营权分离机制，完善继承、转让和退出机制。

（2）允许农村集体建设用地入市流转：完善征地补偿机制，合理确定补偿标准。

（3）健全农业社会化服务体系：深化基层农业公共服务机构改革，支持发展各类为农服务组织，鼓励开展多种形式的农业生产服务，加快构建多元社会化服务体系。

（4）深化农村金融改革，健全农信社服务：推进农村金融组织创新，发展村镇银行等新型农村金融机构，支持发展农村资金互助组织。

（5）创新农村抵押担保机制，探索开展大中型农机具、农村土地承包经营权等抵押贷款试点；完善政策性农业保险制度，扩大保险覆盖范围，建立巨灾风险分散机制。

（二）构建中国特色新型农业现代化的支撑体系

推进农业现代化是一个庞大的系统工程，需要内部机制创新和外部环境改善，着力构建和强化支撑体系，加快农业转型升级。

1. 新型农业经营体系

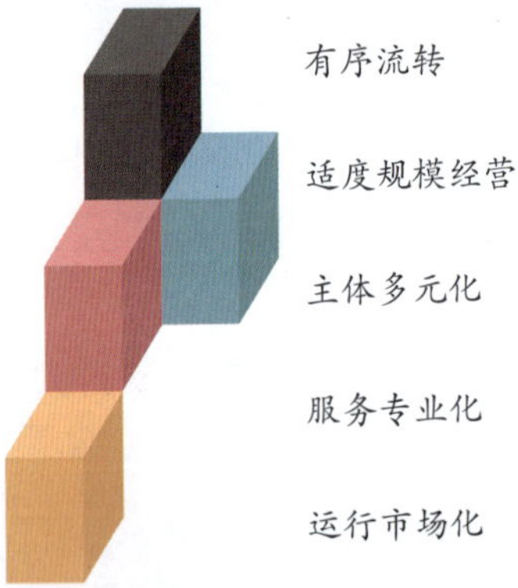

构建集约化、专业化、组织化、社会化相结合的新型农业经营体系，是我国农业现代化的重要组织保障。

（1）坚持和完善农村基本经营制度：做好农村土地确权登记颁证工作，探索土地承包关系“长久不变”的实现形式，进一步明确农民土地财产权能。尊重和保障农户生产经营主体地位，积极稳妥引导土地承包经营权有序流转，促进发展多种形式的适度规模经营。

（2）积极发展新型农业经营主体：积极发展家庭农场、农民合作社、农业企业等各类新型经营主体，培育壮大新型农业生产经营组织。

（3）加快构建新型社会化服务体系。充分发挥农业公共服务机构作用，加快构建主体多元化、服务专业化、运行市场化的新型社会化服务体系。

2. 现代农业产业体系

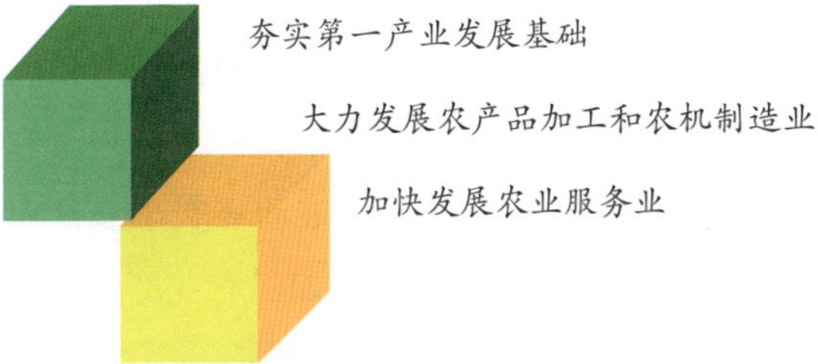

适应农业内涵和外延不断拓展趋势，加快构建现代农业产业体系。

（1）夯实第一产业发展基础。根据农业资源禀赋，积极培育具有比较优势的种养业。

（2）大力发展农产品加工和农机制造业。推进农产品精深加工转化，积极发展食品、医药等产业，以及加工装备、农机装备制造业等。

（3）加快发展农业服务业。着力发展生产环节服务业和流通环节服务业，拉长产业链条，培育产业集群，提升农业产业价值和竞争力。

3. 现代农业物质装备体系

物质装备体系是现代农业最重要的硬件支撑。

（1）大力推进机械化生产。加快推进农业机械化进程，突破丘陵山区和设施农业区等特殊地区的农业机械化瓶颈。

（2）跨越式发展农业信息化。充分利用互联网等现代信息技术装备农业，实现农产品生产、加工、储藏、运输和市场营销等领域和环节的信息化，使现代农业朝着信息农业、精准农业方向发展。

（3）加快用物联网技术改造传统农业。实现标准化生产、智能化作业、精细化管理，真正向高产、优质、高效、生态、安全的现代农业生产方式转变。

4. 现代农业制度保障体系

现代农业制度保障体系是建设现代农业的软件支撑系统。

（1）现代农业政策支持体系。着力健全完善投入、补贴和价格三大核心支持政策，不断强化农业政策支持力度。

（2）现代农业法律保障体系。推动强农惠农富农政策制度化、法律化，尽快制定《农业投入法》。加强农业产业安全保护立法，完善农产品质量安全立法。

（3）现代农业金融保险支持体系。创新金融支农政策，重点发展面向规模化、集约化现代农业新型经营主体的金融产品和服务。提高农业保险风险保障水平，增强现代农业抗风险能力。

（三）促进农村一二三产业融合发展

（1）要大力开发农业多种功能，延长产业链、提升价值链、完善利益链，通过保底分红、股份合作、利润返还等多种形式，让农民合理分享全产业链增值收益。

（2）实施农产品加工业提升行动，鼓励企业兼并重组，淘汰落后产能，支持主产区农产品就地加工转化增值。

（3）重点解决农产品销售中的突出问题，加强农产品产后分级、包装、营销，建设现代化农产品冷链仓储物流体系，打造农产品销售公共服务平台，支持供销、邮政及各类企业把服务网点延伸到乡村，健全农产品产销稳定衔接机制，大力建设具有广泛性的促进农村电子商务发展的基础设施，鼓励支持各类市场主体创新发展基于互联网的新型农业产业模式，深入实施电子商务进农村综合示范，加快推进农村流通现代化。

（4）实施休闲农业和乡村旅游精品工程，建设一批设施完备、功能多样的休闲观光园区、森林人家、康养基地、乡村民宿、特色小镇。

（5）利用闲置农房发展民宿、养老等项目，研究出台消防、特种行业经营等领域便利市场准入、加强事中事后监管的管理办法。发展乡村共享经济、创意农业、特色文化产业。

（四）发展绿色、生态农业

绿色、生态农业，就是按照生态学原理来规划、组织和进行农业生产。生态农业是全面规划、相互协调的整体农业。生态农业的出发点和落脚点，都是着眼于系统的整体功能。

1. 衡量整体功能的标准

（1）经济效益，即生产要发展，农民要富裕。

（2）社会效益，要满足人民对农产品日益增长的各种社会需求。

（3）生态效益，即保持良好的生态环境。生态农业，要考虑系统之内全部资源的合理利用，对人力资源、土地资源、生物资源和其他自然资源等，进行全面规划，统筹兼顾，因地制宜，合理布局，并不断优化其结构，使其相互协调，协同发展，从而提高系统的整体功能。

2. 生态农业是广义农业的具体体现

它和狭义农业（或称小农业）的区别在于：从生产内容上讲，它不局限于种植业，而是农、林、牧、副、渔，多种经营，全面发展。从生产地域上讲，它不局限于耕地上，一方面，立足耕地，努力提高单产；另一方面，把全部土地都当作自己的生产场所。从食物的概念上看，它主要依靠粮食，但又不局限于粮食，而是建立在营养科学的基础上，根据人体营养需要的热能、蛋白质、多种维生素和各种矿物质的数量和比例，科学地安排和计划农业生产。生态农业是一个高效的人工生态系统，是结构与功能协调的高效农业。它不同于自然生态系统，加入了人的劳动和干预，因而不只是单纯的自然再生产过程，同时也是个经济再生产过程，二者交织在一起，并通过人的劳动和干预，不断调整和优化其结构和功能，从而能够以比较少的投入得到较大的产出，取得较好的经济效益、社会效益和生态效益。

我国农业如果实行粗放型即掠夺型的增长方式发展生产，其巨大的破坏力是任何强大的环保工作都无法弥补的，更谈不上持续发展农业。生态农业是一项长期工程，利国利民，是社会主义新农村建设的有效手段和主要途径，是我国经济发展的必然选择。

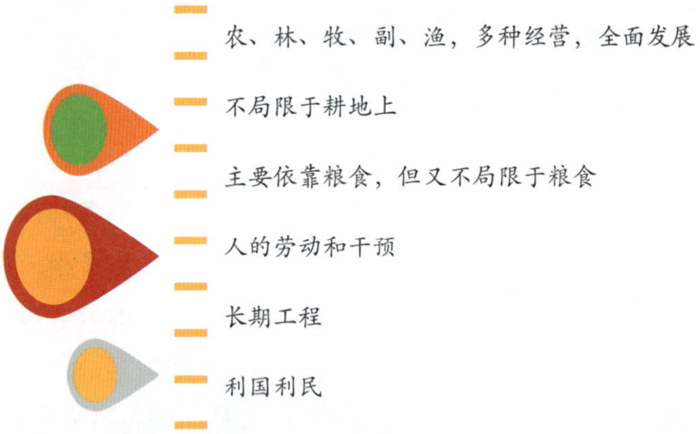

（五）优化农业产业产品结构

1. 统筹调整粮经饲种植结构

按照稳粮、优经、扩饲的要求，加快构建粮经饲协调发展的三元种植结构。粮食作物要稳定水稻、小麦生产，确保口粮绝对安全，重点发展优质稻米和强筋弱筋小麦，继续调减非优势区籽粒玉米，增加优质食用大豆、薯类、杂粮杂豆等。经济作物要优化品种品质和区域布局，巩固主产区棉花、油料、糖料生产，促进园艺作物增值增效。饲料作物要扩大种植面积，发展青贮玉米、苜蓿等优质牧草，大力培育现代饲草料产业体系。加快北方农牧交错带结构调整，形成以养带种、牧林农复合、草果菜结合的种植结构。继续开展粮改饲、粮改豆补贴试点。

2. 发展规模高效养殖业

稳定生猪生产，优化南方水网地区生猪养殖区域布局，引导产能向环境容量大的地区和玉米主产区转移。加快品种改良，大力发展牛羊等草食畜牧业。全面振兴奶业，重点支持适度规模的家庭牧场，引导扩大生鲜乳消费，严格执行复原乳标识制度，培育国产优质品牌。合理确定湖泊水库等内陆水域养殖规模，推动水产养殖减量增效。推进稻田综合种养和低洼盐碱地养殖。完善江河湖海限捕、禁捕时限和区域，率先在长江流域水生生物保护区实现全面禁捕。科学有序开发滩涂资源。支持集约化海水健康养殖，发展现代化海洋牧场，加强区域协同保护，合理控制近海捕捞。积极发展远洋渔业。建立海洋渔业资源总量管理制度，规范各类渔业用海活动，支持渔民减船转产。

（六）发展高产、优质、高效、生态、安全农业

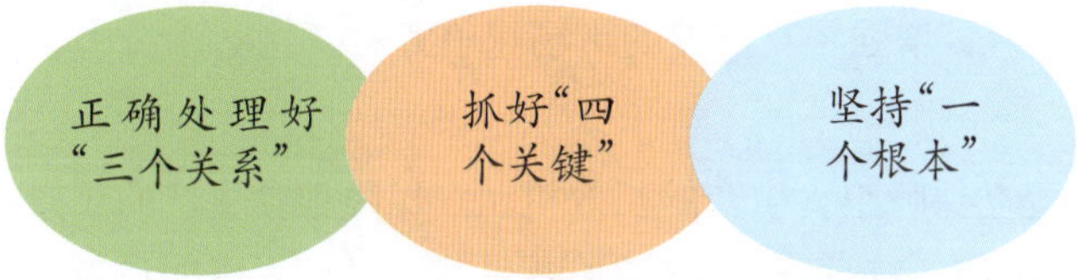

1. 稳定发展粮食生产，确保粮食安全。稳定发展粮食生产，要重点正确处理好“三个关系”，抓好“四个关键”，坚持“一个根本”

（1）三个关系：

①处理好政府调控与市场取向的关系。粮食具有社会属性和商品属性双重性质，既不能任由产量上下波动，也不能统死，必须坚持两手抓，一手抓市场的基础性作用，一手抓政府的支持保护和宏观调控。

②处理好粮食供给总量与生产能力的关系。粮食作为事关国计民生的战略性产品，供给总量必须保持在相对稳定的范围内，决不能因个别年份的丰歉而单纯强调压粮或扩粮。

③处理好粮食安全与农业结构调整和农民增收的关系。粮食安全事关政治经济发展全局，深入推进农业结构调整是新阶段农业和农村经济发展的主线，是农民增收的重要途径。实现粮食安全和农民增收的目标，既不能再走单纯靠扩大粮食种植面积增加产量的老路，也不能重蹈前几年结构调整片面强调压粮扩经的覆辙。

（2）四个关键：

①调动和保护农民种粮积极性。要充分尊重农民的土地权利，保持粮食市场合理的价格，加强政府对粮食生产的支持保护，保障农民的利益。

②切实保护耕地，加强粮食综合生产能力建设，包括耕地保护能力、生产技术能力、政策保障能力、科技服务能力和抵御自然灾害能力。

③依靠科技进步，推进粮食增长方式的转变。

④延伸产业链条，提高粮食生产的比较效益，把粮食生产、转化、加工、流通等各个环节紧密连接起来，形成一个完整的产业体系，提高粮食附加值，增强粮食产业的市场竞争力。

（3）一个根本：

就是建立保障粮食生产的长效机制。保障粮食生产的长效机制包括：耕地资源保护和有效利用的长效机制、科技支撑的长效机制、粮食生产基础设施投入的长效机制、保护主产区和种粮农民积极性的长效机制、粮食生产抗风险能力的长效机制。

2. 因地制宜，合理调整农业区域布局

（1）要进一步加大优势农产品区域布局的实施力度。以资源为基础，以市场为导向，以科技为动力，以建设为手段，明确主导品种，建设生产基地，培育名优品牌，打造支柱产业，加快农业区域化进程。

继续推进优势农产品产业带建设，完善和细化布局规划及其实施方案，着力构建13个主要优势农产品产业带，重点加快粮食主要品种的优势产业带建设，加快推进优势畜产品产业带建设，加快沿海沿江的优势水产品产业带建设。

（2）进一步优化农业产业布局。东部地区和大中城市郊区要发挥地域优势，加快建设现代农业，大力发展城郊型和外向型农业。中部地区做大做强粮食产业，大力发展农区畜牧业。西部地区加强草原保护和生态环境建设，转变牲畜养殖方式。热带和南亚热带地区进一步提升热带作物产业的国际竞争力。

（3）进一步加快发展特色农业。立足自然资源优势和现有生产基础，因地制宜，适应市场，依靠科技，培育名牌产品，突出区域特色、品质特色、功能特色，满足市场多样化和优质化的需求，尽快形成特色农业产业体系。

3. 以市场为导向，大力推进农产品优质化

（1）突出特色。在现代农业生产中，一定要适应市场变化，体现产品个性，形成区域特色。依托本地资源优势、传统优势和技术人才优势，创造一批区域特色明显的种、养、加工基地，培养一批小产品、大群体，小商品、大市场的特色产业群、产业带。

（2）规模生产。规模决定效益，效益体现规模。应以科技为动力，以龙头企业为主体，整合各种资源，调整农业区域结构，逐步形成建设带动力强、辐射面广的农业生产基地。

（3）集约经营。随着农产品市场的不断变化，分散的单个农户和大市场之间的矛盾日益突出，一家一户的小生产难以抵御自然风险和市场风险，容易导致再生产的中断，出现一哄而上或一哄而下的局面。改变单个农民作为市场主体在竞争中被动的弱势地位，关键要建立产业合作协会、农民合作协会等农村合作经济组织，提高农民组织化程度，使千家万户的分散经营与千变万化的大市场成功对接。

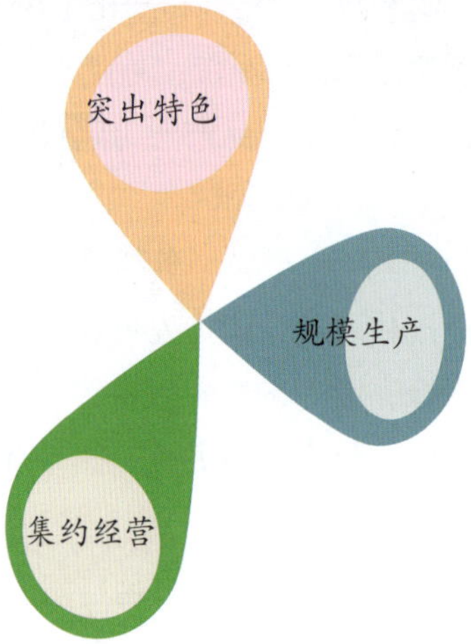

4. 提高农民的思想意识，培育有文化、懂技术的新型农民

生态农业作为一种促进生态良性循环和有利于资源环境保护的农业生态体系，在实践中已显示出其合理性和科学性。要结合农村工作、农业生产、农业技术推广工作，宣传、教育各级干部群众提高认识水平，清醒地认识到环境污染和环境生态问题，灾害频繁地发生已经成为农业乃至国民经济持续、快速、健康发展的一大隐患。要依托产业发展，广泛开展各种形式的农村实用技术培训、职业培训，引导农民崇尚科学，接受新知识、新方法，倡导科学的生产、生活方式。开展生态农业建设的主体是农民，只有农民的整体素质提高了，生态农业建设的这一利国利民的工程实施起来，才会事半功倍。

（七）实施质量兴农战略

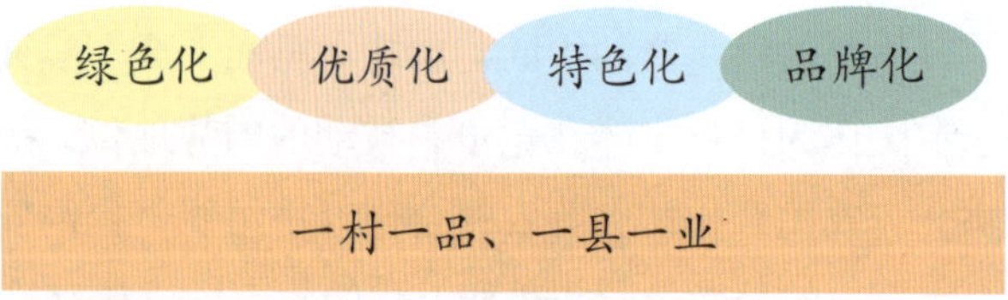

（1）制定和实施国家质量兴农战略规划，建立健全质量兴农评价体系、政策体系、工作体系和考核体系。

（2）深入推进农业绿色化、优质化、特色化、品牌化，调整优化农业生产力布局，推动农业由增产导向转向提质导向。推进特色农产品优势区创建，建设现代农业产业园、农业科技园。

（3）实施产业兴村强县行动，推行标准化生产，培育农产品品牌，保护地理标志农产品，打造一村一品、一县一业发展新格局。

（4）加快发展现代高效林业，实施兴林富民行动，推进森林生态标志产品建设工程。加强植物病虫害、动物疫病防控体系建设。

（5）优化养殖业空间布局，大力发展绿色生态健康养殖，做大做强民族奶业。

（6）统筹海洋渔业资源开发，科学布局近远海养殖和远洋渔业，建设现代化海洋牧场。

（7）建立产学研融合的农业科技创新联盟，加强农业绿色生态、提质增效技术研发应用。

（8）切实发挥农垦在质量兴农中的带动引领作用。实施食品安全战略，完善农产品质量和食品安全标准体系，加强农业投入品和农产品质量安全追溯体系建设，健全农产品质量和食品安全监管体制，重点提高基层监管能力。

（八）农机购置补贴和补贴标准

根据农业部办公厅、财政部办公厅关于印发《2018－2020年农机购置补贴实施指导意见》的通知（农办财〔2018〕13号），农机购置补贴对象为从事农业生产的个人和农业生产经营组织（以下简称“购机者”），其中农业生产经营组织包括农村集体经济组织、农民专业合作经济组织、农业企业和其他从事农业生产经营的组织。在保障农民购机权益的前提下，鼓励因地制宜发展农机社会化服务组织，提升农机作业专业化社会化服务水平。

中央财政农机购置补贴实行定额补贴，补贴额由各省农机化主管部门负责确定，其中，通用类机具补贴额不超过农业部发布的最高补贴额。补贴额依据同档产品上年市场销售均价测算，原则上测算比例不超过30%。上年市场销售均价可通过本省农机购置补贴辅助管理系统补贴数据测算，也可通过市场调查或委托有资质的社会中介机构进行测算。对技术含量不高、区域拥有量相对饱和的机具品目，应降低补贴标准。为提高资金使用效益、减少具体产品补贴标准过高的情形，各省也可采取定额与比例相结合等其他方式确定补贴额，具体由各省结合实际自主确定。

一般补贴机具单机补贴额原则上不超过5万元；挤奶机械、烘干机单机补贴额不超过12万元；100马力以上拖拉机、高性能青饲料收获机、大型免耕播种机、大型联合收割机、水稻大型浸种催芽程控设备单机补贴额不超过15万元；200马力以上拖拉机单机补贴额不超过25万元；大型甘蔗收获机单机补贴额不超过40万元；大型棉花采摘机单机补贴额不超过60万元。

西藏和新疆南疆五地州（含南疆垦区）继续按照《农业部办公厅财政部办公厅关于在西藏和新疆南疆地区开展差别化农机购置补贴试点的通知》（农办财〔2017〕19号）执行。在多个省份进行补贴的机具品目，相关省农机化主管部门要加强信息共享，力求分档和补贴额相对统一稳定。

补贴额的调整工作一般按年度进行。鉴于市场价格具有波动性，在政策实施过程中，具体产品或具体档次的中央财政资金实际补贴比例在30%上下一定范围内浮动符合政策规定。发现具体产品实际补贴比例明显偏高时，应及时组织调查，对有违规情节的，按农业部、财政部联合制定的《农业机械购置补贴产品违规经营行为处理办法（试行）》以及本省相关规定处理；对无违规情节且已购置的产品，可按原规定履行相关手续，并视情况优化调整该产品补贴额。

（九）良种补贴的含义及基本原则

良种补贴是指国家对一地区优势区域内种植主要优质粮食作物的农户，根据品种给予一定的资金补贴。其目的是支持农民积极使用优良作物种子，提高良种覆盖率，增加主要农产品特别是粮食的产量，改善产品品质，推进农业区域化布局。

良种补贴的基本原则有以下几方面：

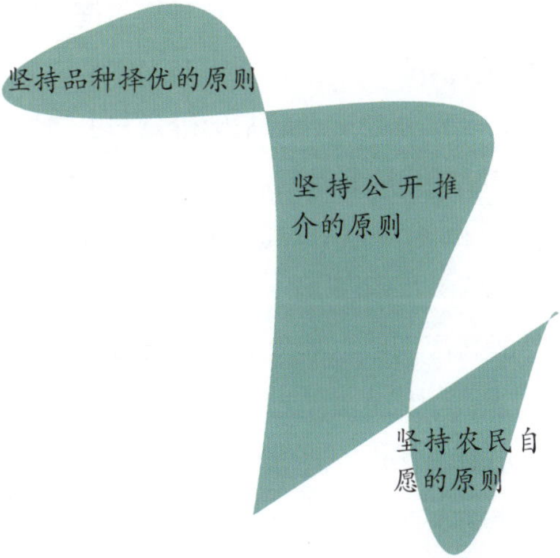

（1）坚持品种择优的原则：各地主导品种的筛选由省级农业部门具体负责，在符合国家有关扶持政策的前提下，优先选择生态适应性好、符合生产需要、市场前景较好的品种。禁止选择未经审定、审定不通过或过期淘汰的品种。

（2）坚持公开推介的原则：主导品种确定后，省级农业部门要通过各种渠道公开向社会发布，并将推介品种随实施方案上报农业部备案。严禁省级以下农业部门进行品种推介活动。

（3）坚持农民自愿的原则：各地农业部门要在充分尊重农民意愿的基础上，根据品质优先、市场需求和生产需要，积极引导农民选择使用推介的良种，不得采取强制手段干预农民自愿选种。

（十）推进农业科技创新

（1）深化农业科技体制改革，对具备条件的项目，实施法人责任制和专员制，推行农业领域国家科技报告制度。

（2）明晰和保护财政资助科研成果产权，创新成果转化机制，发展农业科技成果托管中心和交易市场。

（3）采取多种方式，引导和支持科研机构与企业联合研发。加大农业科技创新平台基地建设和技术集成推广力度，推动发展国家农业科技园区协同创新战略联盟，支持现代农业产业技术体系建设。

（4）加强以分子育种为重点的基础研究和生物技术开发，建设以农业物联网和精准装备为重点的农业全程信息化和机械化技术体系，推进以设施农业和农产品精深加工为重点的新兴产业技术研发，组织重大农业科技攻关。

（5）继续开展高产创建，加大农业先进适用技术推广应用和农民技术培训力度。发挥现代农业示范区的引领作用。

（6）加强农用航空建设。将农业作为财政科技投入优先领域，引导金融信贷、风险投资等进入农业科技创新领域。

（7）推行科技特派员制度，发挥高校在农业科研和农技推广中的作用。

（十一）加快完善农业科技推广体系

经过多年努力，我国已初步形成了由国家农技推广服务中心、省级农技推广总站、县级农技推广中心、乡镇农技推广站组成的比较完整的农业科技推广体系，各级农业科技推广机构在农业技术引进、试验示范和推广应用、开展技术培训和咨询、提高广大农民素质、推动农业和农村经济发展等方面，发挥了不可替代的作用。

但是，当前一些地方基层农业技术推广机构存在着队伍不稳、保障措施不力、管理体制不顺、人员素质不高等突出问题，严重影响了农业科技推广体系的稳定和农业技术推广事业的发展，必须进一步完善我国的农技推广体系。

解决这些问题，必须进一步完善农业科技推广体系，建立起新型农技推广体系。

1. 要科学界定职能，深化公益性农业科技推广机构的改革

公开、平等、竞争、择优

公开招考

竞争上岗

全员聘用

（1）要借鉴科研机构改革、改制的经验，按照公益性和经营性两大类型，对农技推广服务机构进行资源的重新优化组合。

（2）对公益性农技推广部门，要实行政事分开，真正将由政府承担的行政职能交还给政府承担，将设置过多过散的乡镇农、林、牧、水产、农机等农技推广服务单位统一归并成综合性的乡镇农技推广服务中心，并按照事业单位推行全员聘用制的改革要求，对其人员可按照“公开、平等、竞争、择优”的原则，引入竞争机制，实行公开招考、竞争上岗和全员聘用制度。

（3）对经营性农技推广服务，可以以市场为导向，尊重农民的创造性，引导和鼓励多种组织形式共同承担。

2. 要积极发展农业科技推广中介组织

实行家庭联产承包制后，农技推广工作中的突出问题之一是有限的推广力量与众多的服务对象之间的矛盾，面对千家万户的分散经

营，原有的推广机构力不从心。

因此，应积极发展各种类型的农技推广中介组织，鼓励科技人员创办科技服务中心，支持以股份制或合伙形式成立技术经纪公司或技术经纪人事务所，组织农民成立专业协会、合作社等组织，进一步提高农民的组织化程度和吸收利用农业新技术、新工艺的能力。

3. 要努力促进农业教育科研与推广相互协调发展

农业教育体系、农业科研体系都是我国农业技术推广体系的一个重要组成部分，应当改革现行的农业教育、科研与推广相互分离和各自为政的体制，建立农、科、教统筹协调机制和组织机构，鼓励农业教育和科研机构创办科技企业，加速高新技术成果转化工作。同时，鼓励从事农业技术推广工作的技术人员带着急需解决的科研课题，走进科研院所以及大学进行合作研究推广。

4. 完善农业科技推广体系，需要各级党委和政府部门通力合作，不断增加资金投入，积极创造条件

（1）要多渠道增加农业科技推广体系建设的资金投入。

（2）要加强农技推广设施建设，不断提高农业科技推广的现代化水平。特别要重视采用计算机技术和现代信息技术，建立和完善多媒体农业推广应用系统。

（3）要进一步加强对农业科技市场的宏观管理，建立健全市场法规，规范农业科技市场的交易形式，制定优惠政策，促进农业科技商品交易，培育和发展我国的农业科技市场。

三、现代农业的发展方向

（一）建设现代农业产业园

（1）要以规模化种养基地为基础，依托农业产业化龙头企业带

生产 + 加工 + 科技

动，聚集现代生产要素，建设“生产 + 加工 + 科技”的现代农业产业园，发挥技术集成、产业融合、创业平台、核心辐射等功能作用。

（2）科学制定产业园规划，统筹布局生产、加工、物流、研发、示范、服务等功能板块。

（3）鼓励地方统筹使用高标准农田建设、农业综合开发、现代农业生产发展等相关项目资金，集中建设产业园基础设施和配套服务体系。

（4）吸引龙头企业和科研机构建设运营产业园，发展设施农业、精准农业、精深加工、现代营销，带动新型农业经营主体和农户专业化、标准化、集约化生产，推动农业全环节升级、全链条增值。鼓励农户和返乡下乡人员通过订单农业、股份合作、入园创业就业等多种方式，参与建设，分享收益。

（二）加快培育新型职业农民

要将职业农民培育纳入国家教育培训发展规划，基本形成职业农民教育培训体系，把职业农民培养成建设现代农业的主导力量。

（1）办好农业职业教育，将全日制农业中等职业教育纳入国家资助政策范围。

（2）依托高等教育、中等职业教育资源，鼓励农民通过“半农半读”等方式就地就近接受职业教育。

（3）开展新型农业经营主体带头人培育行动，通过 5 年努力使他们基本得到培训。

（4）加强涉农专业全日制学历教育，支持农业院校办好涉农专业，健全农业广播电视学校体系，定向培养职业农民。

（5）引导有志投身现代农业建设的农村青年、返乡农民工、农技推广人员、农村大中专毕业生和退役军人等加入职业农民队伍。

（6）优化财政支农资金使用，把一部分资金用于培养职业农民。

（7）总结各地经验，建立健全职业农民扶持制度，相关政策向符合条件的职业农民倾斜。

（8）鼓励有条件的地方探索职业农民养老保险办法。

（三）加快农业标准化建设

推进农村改革发展，各级农业部门应从以下几个方面全面提高我国农业标准化水平。

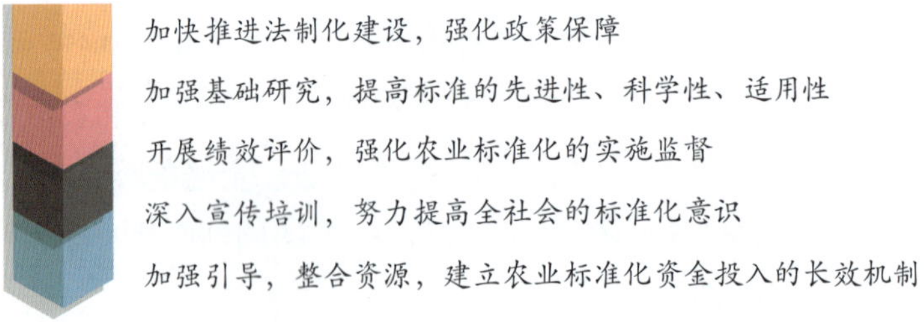

1. 加快推进法制化建设，强化政策保障

制定与完善《中华人民共和国农产品质量安全法》各项配套的具体法规和政策，创造良好的工作环境。以全程实施农业标准化为主线，加强对种子种苗、肥料、饲料、农药、兽药等农业投入品，以及农产品的生产、收获、包装、储藏、运输、销售等方面的标准制修订和实施，加强指导和监督。

2. 加强基础研究，提高标准的先进性、科学性、适用性

（1）加快农业标准化发展战略、技术转化、应用与反馈机制的理论研究，特别是对农业标准化示范理论和技术途径的研究。

（2）加快农产品质量安全检测仪器、技术与方法、动植物安全

生产以及病虫害有效防控技术的研究。

（3）加强同有关国际组织及贸易标准化管理和技术机构之间的交流与合作，积极参与国际标准的修订工作，不断提高农业标准化工作水平。

3. 开展绩效评价，强化农业标准化的实施监督

监管是农业标准化得以有效实施的重要保证。要创造条件，引入农业标准化实施的绩效评价制度，将农业标准化的实施效果纳入各级政府及其农业部门、技术机构的业务考核内容，建立科学的农业标准化领导体制和运行机制。

4. 深入宣传培训，努力提高全社会的标准化意识

应充分利用农业系统科研、教育、推广、影视媒体等方面的力量，健全农业标准化宣传培训体系，从管理人员、技术人员、生产者三个层面入手，大力宣传农业标准化的重要意义，普及标准化知识。

5. 加强引导，整合资源，建立农业标准化资金投入的长效机制

争取政府财政资金的投入，要把农业标准化的制定和实施、标准化示范园区建设、检验检测体系建设、监督检查的经费纳入财政预算。

在争取外部资源的同时，积极整合内部资源，充分发挥农业建设项目和财政专项的吸引、凝聚和影响农户的作用，在项目建设中全面贯彻和实施农业标准化。鼓励和支持工商资本、民间资本、外来资本投入，逐步建立以政府投入为导向、企业投入为主题、社会投入为补充的多元化投入机制和多渠道投资的格局，形成多渠道、多元化投入农业标准化工作的新机制。

（四）促进小农户和现代农业发展有机衔接

（1）要统筹兼顾培育新型农业经营主体和扶持小农户，采取有针对性的措施，把小农生产引入现代农业发展轨道。

（2）培育各类专业化市场化服务组织，推进农业生产全程社会化服务，帮助小农户节本增效。

（3）发展多样化的联合与合作，提升小农户组织化程度。

（4）注重发挥新型农业经营主体带动作用，打造区域公用品牌，开展农超对接、农社对接，帮助小农户对接市场。

（5）扶持小农户发展生态农业、设施农业、体验农业、定制农业，提高产品档次和附加值，拓展增收空间。

（6）改善小农户生产设施条件，提升小农户抗风险能力。研究制定扶持小农生产的政策意见。

（五）增强农业可持续发展能力

走可持续发展的道路，是我国农业发展的必然选择。当前我国农业的发展面临着需求、资源和环境约束。一方面，我国农产品供给已由短缺转向总量基本平衡，丰年有余，市场需求对农业发展的约束作用越来越强；另一方面，水资源短缺，水土流失，生态环境恶化，基础设施萎缩，特别是受环境污染的影响，农产品中残留的有毒有害物质的增加，影响着农产品质量和效益的提高，也制约着农业的可持续发展。

1. 实施有利于农村可持续发展的人口政策

促进人口产业结构优化，调整产业内部就业人口比例，引导产业间就业人口转移。

2. 提高农民的思想意识，培育有文化、懂技术、会经营的新型农民

（1）大力办好农村教育事业。教育既是各级各类专门人才成长的根基，也是为广大劳动者奠定基本素质的关键环节。应加大工作力度，集中投放人力、

物力、财力，夯实农村文化基础。

（2）大力发展职业教育，提高劳动者素质，培养适用型科技人才。认真实施农科教结合，促进农村人才开发和科技进步。农科教结合，以农村经济建设为中心，以提高农民素质和推广科学技术为重点，以教育为基础，以科技为动力，推进农业现代化建设。

3. 加快以水利为重点的农业基本建设

农业是国民经济的基础，而农业基本建设又是农业发展的基础。改革开放以来，各级政府在加强农业基本建设，改善农业生产条件上做了很大的努力。特别是近年来，又把环境保护、可持续发展摆到战略位置，把改善农业生态环境提上日程，取得了明显的成绩。但是同时也要看到，我国农业的基本建设离现代农业的要求还相差甚远，许多环节还很薄弱，亟待改善。

4. 切实增加对农业的投入

加强农业农村工作，包括农田水利建设和生态环境改善，以及提高科技等方面都离不开增加农业的投入。可以说，切实增加农业投入是一个带有根本性的问题。落实党中央、国务院加强农业的各项决策，必须使增加农业投入落实到位。

5. 搞好农业的综合开发利用

我国人口多、土地少，要促进农业的发展，单靠规模扩大的粗放式经营是不行的，必须在农业综合开发上下功夫，全面提高农业的综合生产能力。从我国经济发展的长远战略角度来看，单纯对现有的耕地进行保护还是不够的，还必须有一个相当数量的土地储备，这就要求我们要向生产的广度进军，在保护现有耕地的基础上，尽可能扩大农业用地。

6. 建立稳定完善的农业政策、法规体系

在市场经济条件下，农业面临较大的风险。为了农业的持续发展，必须理顺政策环境，建立有效的法律约束机制，以规范社会经济行为。

（六）大力发展休闲农业和乡村旅游

（1）要依托农村绿水青山、田园风光、乡土文化等资源，大力发展休闲度假、旅游观光、养生养老、创意农业、农耕体验、乡村手工艺等，使之成为繁荣农村、富裕农民的新兴支柱产业。

（2）强化规划引导，采取以奖代补、先建后补、财政贴息、设立产业投资基金等方式扶持休闲农业与乡村旅游业发展，着力改善休闲旅游重点村进村道路、宽带、停车场、厕所、垃圾污水处理等基础服务设施。

（3）积极扶持农民发展休闲旅游业合作社。引导和支持社会资本开发农民参与度高、受益面广的休闲旅游项目。

（4）加强乡村生态环境和文化遗存保护，发展具有历史记忆、地域特点、民族风情的特色小镇，建设“一村一品”“一村一景”“一村一韵”的魅力村庄和宜游宜养的森林景区。

（5）依据各地具体条件，有规划地开发休闲农庄、乡村酒店、特色民宿、自驾露营、户外运动等乡村休闲度假产品。

（6）实施休闲农业和乡村旅游提升工程、振兴中国传统手工艺计划。开展农业文化遗产普查与保护。

（7）支持有条件的地方通过盘活农村闲置房屋、集体建设用地、“四荒地”、可用林场和水面等资产资源发展休闲农业和乡村旅游。

（8）将休闲农业和乡村旅游项目建设用地纳入土地利用总体规划和年度计划合理安排。

（七）加快推进现代种业发展

（1）要大力推进育繁推一体化，提升种业自主创新能力，保障国家种业安全。

（2）深入推进种业领域科研成果权益分配改革，探索成果权益分享、转移转化和科研人员分类管理机制。

（3）实施现代种业建设工程和种业自主创新重大工程。

（4）全面推进良种重大科研联合攻关，培育和推广适应机械化生产、优质高产多抗广适新品种，加快主要粮食作物新一轮品种更新换代。

（5）加快推进海南、甘肃、四川国家级育种制种基地和区域性良种繁育基地建设。

（6）强化企业育种创新主体地位，加快培育具有国际竞争力的现代种业企业。

（7）实施畜禽遗传改良计划，加快培育优异畜禽新品种。

（8）开展种质资源普查，加大保护利用力度。

（9）贯彻落实种子法，全面推进依法治种。加大种子打假护权力度。

（八）加快节约型农业建设步伐

1. 稳步提高耕地集约利用水平

（1）加强耕地质量管理，开展耕地地力的全面调查，建设耕地质量监测网络，实现耕地质量的动态管理。

（2）切实加强耕地质量建设，推广耕地培肥和保护性耕作技术，加快中低产田改造，完善田间水利、机耕道路等基础设施。

（3）结合不同旱作地区的现实条件和技术应用基础，有针对性地推广旱作节水农业技术，因地制宜地确定种植结构，加快坡耕地治理，提升自然降水利用率和旱地综合生产能力。

2. 不断提高农业投入品的利用效率

（1）全面开展测土配方施肥行动，积极推广应用高效低毒、低残留、强选择性的农药和新型施药器械，改进施药方法，减少农药使用量。普及应用种子精选分级、包衣、药剂拌种等加工处理技术，提高种子质量和良种供应能力。

（2）全面推广应用主要农作物精量半精量播种技术。

（3）同时，要抓好农业装备节能工作，千方百计降低以农业机械为重点的农业装备能耗。

3. 大力发展集约生态养殖业

（1）在适宜地区积极推广绿色高效生态畜禽养殖技术，稳步推进绿色高效生态养殖小区建设，降低饲料和能源消耗。

（2）在草原禁牧、休牧和轮牧区，大力推广舍饲、半舍饲圈养技术模式。合理开发利用渔业资源，推广高效、优质、集约化的生态水产养殖技术，提高资源的有效利用率和经济效益。

4. 切实加强农村能源工作

（1）要普及农村沼气，加强农村户用沼气和大中型沼气工程建设。

（2）加快太阳能、风能、生物质能和农村水电等可再生能源的开发与利用。

（3）加强乡镇企业节约生产工作，重点抓好轻工、化工、冶金、有色金属、建材、煤炭、电力以及农产品加工等行业的节能降耗与清洁生产。

5. 各级农业部门要增强紧迫感和责任感

结合本部门、本地区农业和农村经济实际，提出切实可行的工作方案，明确分工，落实责任，采取综合措施，扎实推进节约型农业建设。

（1）制定完善规划，加强宏观指导。要把加快建设节约型农业纳入各级农业和农村经济发展规划，提出明确的目标、任务和政策措施。结合农业“七大体系”建设，加快《保护性耕作示范工程建设规划》《沃土工程建设规划》等相关工程规划的修改完善，逐步形成节约型农业发展规划体系。以“十大节约型技术”为重点，支持一批技术开发项目，加强联合攻关、创新集成、引进消化和推广应用。

（2）落实完善政策，加强扶持引导。研究制定推进节约型农业建设的相关政策，鼓励农民施用有机肥和采用环境友好型生产技术，继续实行最严格的耕地保护制度。建立和完善各项规章制度，构建发展节约型农业的长效机制，提高监督管理和技术服务水平。同时，要广泛开展宣传，增强节约意识，不断提高全社会建设节约型农业的自觉性和主动性，努力营造、共建节约型农业的良好氛围。

（九）增强我国农业国际竞争力

推进农业现代化，必须进一步扩大农业对外开放，充分利用两个市场、两种资源，增强农业国际竞争力。

1. 建设土地流转市场，减少单位产品劳动费用

中国种植业规模小、劳动力投入较多，是大部分农作物生产成本高的根本原因。推动土地流转市场的发展，使土地逐渐向种田能手和大户转包，是扩大土地经营规模、降低单位产品活劳动费用的有效途径。

2. 构建农村合作组织，实现农业规模经济

农民是实施制度变迁的利益主体，要全面进行以地域区划为中心、以核心村建设为重点的农村合作组织建设，充分发挥农村社区的地缘、亲缘优势，推进农村合作组织的构建与发展。

同时，支持特色产区（或县域）的乡镇企业集群发展，积极鼓励农村劳动力的异地转移，从而最大限度地实现农村生产的规模经济效益，提高农村劳动力效率和土地的边际生产率，增强农产品国际竞争力。

3. 以技术进步为驱动，提高农产品的差异化程度和技术含量，促进农业多元化、标准化发展

农业的技术进步是提高我国农产品比较优势和国际竞争力的潜在要素。

技术进步可以弥补资源禀赋不足的缺陷，也是制约农业经营规模的重要因素。当前应重点做好新品种培育、新技术推广、农民农业技术的提高和国外先进农业科技的国内转化，大力开展农产品的深加工、精加工，提高农产品的差异化程度、科技含量和附加值，实现产品、市场、经营主体的多元化。

农产品加工业的发展延长了农业的产业链条，促进农业生产的专业化、区域化分工，对提高农产品质量，带动农村运输、储藏、保鲜、销售等相关服务业的发展，促进农业产业结构调整，提高农产品转化增值，转移农村剩余劳动力和降低初级农产品的国内资源成本等方面，均起到极其重要的作用。

从产业组织的角度来看，积极扶持大型农产品加工企业的发展，鼓励兼并、联合等产权重组，形成大中小企业并举、分工协作的产业组织结构形式，从而以农产品加工业的发展，带动和加快农业多元化、标准化生产不断发展。

4. 要构建农业对外开放新格局

实施特色优势农产品出口提升行动，扩大高附加值农产品出口。建立健全我国农业贸易政策体系。深化与“一带一路”沿线国家和地区农产品贸易关系。

积极支持农业“走出去”，培育具有国际竞争力的大粮商和农业企业集团。积极参与全球粮食安全治理和农业贸易规则制定，促进形成更加公平合理的农业国际贸易秩序进一步加大农产品反走私综合治理力度。

第五章　构建新型农业经营赋能乡村振兴

推进目标

按照规划要求，聚焦多方面工作，加强政策引领，加强改革创新，加强统筹联动，促进现代农业经营体系加快建立，推动乡村振兴战略大力实施。

理论依据

党的十八大报告明确提出，要“坚持和完善农村基本经营制度，依法维护农民土地承包经营权、宅基地使用权、集体收益分配权，壮大集体经济实力，发展农民专业合作和股份合作，培育新型经营主体，发展多种形式规模经营，构建集约化、专业化、组织化、社会化相结合的新型农业经营体系”。

实施举措

一、加快构建新型农业经营体系

发展多种形式的农业适度规模经营是农业现代化的必由之路，必须以提高土地产出率、资源利用率、劳动生产率为核心，加快培育家庭农场、专业大户、农民合作社、农业产业化龙头企业等新型农业经营主体，构建符合国情和发展阶段的以农户家庭经营为基础、合作与联合为纽带、社会化服务为支撑的立体式、复合型现代农业经营体系，提高农业经营集约化、规模化、组织化、社会化、产业化水平。

1. 推动土地经营权规范有序流转

在农村耕地实行所有权、承包权、经营权“三权分置”的基础上，按照依法自愿有偿原则，引导农民以多种方式流转承包土地的经营权，以及通过土地经营权入股、托管等方式，发展多种形式的适度规模经营。

把握好土地经营权流转、集中和规模经营的度，不片面追求超大规模经营，使适度规模经营与农村劳动力转移、农业科技进步、农业社会化服务水平相适应。

提升农户家庭经营能力和水平，重点发展以家庭成员为主要劳动力、以农业为主要收入来源、从事专业化集约化农业生产的规模适度的农户家庭农场，使之成为发展现代农业的有生力量。适时提出促进家庭农场发展的相关立法建议。

2. 加强农民合作社规范化建设

加强农民专业合作社和土地股份合作社规范化建设，深入推进示范社建设行动。

鼓励农民合作社发展农产品加工业务，创新农业产业链组织形式和利益联接机制，构建农户、合作社、企业之间互利共赢的合作模式，让农民更多分享产业链增值收益。

进一步创新财政支持农民合作社发展机制，允许政府项目直接投向符合条件的合作社。

完善农民以承包土地经营权入股发展农业产业化经营的政策。

3. 创新农业社会化服务机制

家庭经营在相当时期内仍是农业生产的基本力量，要通过周到便利的社会化服务，把农户经营引入现代农业发展轨道。

充分发挥农业公益性服务机构作用，大力培育多种形式的农业经营性服务组织，健全覆盖全程、综合配套、便捷高效的社会化服务体系。

开展政府向农业经营性服务组织购买公益性服务机制创新试点。

4. 培养职业农民队伍

制定专门规划和切实可行的政策，吸引年轻人务农，培育新型职业农民，造就高素质的新型农业生产经营者队伍。

扶持有技能和经营能力的农民工返乡创办家庭农场、领办农民合作社，创立农产品加工、营销企业和农业社会化服务组织。

5. 健全工商资本租赁农地的监管和风险防范机制

对工商资本租赁农户承包地作出明确规定，建立严格的资格审查、项目监管和定期督查机制，禁止以农业为名圈占土地从事非农建设，防止“非粮化”现象蔓延。鼓励和支持工商企业发展适合企业化经营的现代种养业、农产品加工流通和农业社会化服务，向农业输入现代生产要素和经营模式。探索建立工商资本农地租赁风险保障金制度。

6. 推进农垦改革发展和全面深化供销合作社综合改革

研究出台推进农垦改革发展的政策措施，深化垦区集团化、农场企业化改革，创新行业指导管理体制、企业市场化经营体制、农场经营管理体制，明晰农垦国有资产权属关系，建立符合农垦特点的国有资产监管体制，进一步推进农垦办社会职能改革。

按照为农服务的宗旨和政事分开、社企分开的方向，因地制宜推进体制改革和机制创新，把供销合作社打造成为与农民利益联结更紧密、为农服务功能更完备、市场化运作更高效的合作经济组织体系，使之成为服务农民生产生活的生力军和综合平台。

二、全面加强农村集体资产管理

1. 开展集体资产清产核资

这是顺利推进农村集体产权制度改革的基础和前提。

要对集体所有的各类资产进行全面清产核资，摸清集体家底，健全管理制度，防止资产流失。

在清产核资中，重点清查核实未承包到户的资源性资产和集体统一经营的经营性资产以及现金、债权债务等，查实存量、价值和使用情况，做到账证相符和账实相符。

对清查出的没有登记入账或者核算不准确的，要经核对公示后登记入账或者调整账目；对长期借出或者未按规定手续租赁转让的，要清理收回或者补办手续；对侵占集体资金和资产的，要如数退赔，涉及违规违纪的移交纪检监察机关处理，构成犯罪的移交司法机关依法追究当事人的刑事责任。

清产核资结果要向全体农村集体经济组织成员公示，并经成员大会或者代表大会确认。清产核资结束后，要建立健全集体资产登记、保管、使用、处置等制度，实行台账管理。

2. 明确集体资产所有权

在清产核资基础上，把农村集体资产的所有权确权到不同层级的农村集体经济组织成员集体，并依法由农村集体经济组织代表集体行使所有权。

属于村农民集体所有的，由村集体经济组织代表集体行使所有权，未成立集体经济组织的由村民委员会代表集体行使所有权；分别属于村内两个以上农民集体所有的，由村内各该集体经济组织代表集体行使所有权，未成立集体经济组织的由村民小组代表集体行使所有权；属于乡镇农民集体所有的，由乡镇集体经济组织代表集体行使所有权。

有集体统一经营资产的村（组），特别是城中村、城郊村、经济发达村等，应建立健全农村集体经济组织，并在村党组织的领导和村民委员会的支持下，按照法律法规行使集体资产所有权。集体资产所有权确权要严格按照产权归属进行，不能打乱原集体所有的界限。

3. 强化农村集体资产财务管理

加强农村集体资金资产资源监督管理，加强乡镇农村经营管理体系建设。

修订完善农村集体经济组织财务会计制度，加快农村集体资产监督管理平台建设，推动农村集体资产财务管理制度化、规范化、信息化。

稳定农村财会队伍，落实民主理财，规范财务公开，切实维护集体成员的监督管理权。

加强农村集体经济组织审计监督，做好日常财务收支等定期审计，继续开展村干部任期和离任经济责任等专项审计，建立问题移交、定期通报和责任追究查处制度，防止侵占集体资产。

对集体财务管理混乱的村，县级党委和政府要及时组织力量进行整顿，防止和纠正发生在群众身边的腐败行为。

（一）由点及面开展集体经营性资产产权制度改革

1. 有序推进经营性资产股份合作制改革

将农村集体经营性资产以股份或者份额形式量化到本集体成员，作为其参加集体收益分配的基本依据。

改革主要在有经营性资产的村镇，特别是城中村、城郊村和经济发达村开展。已经开展这项改革的村镇，要总结经验，健全制度，让农民有更多获得感；没有开展这项改革的村镇，可根据群众意愿和要求，由县级以上地方政府作出安排，先进行试点，再由点及面展开，力争用 5 年左右时间基本完成改革。

农村集体经营性资产的股份合作制改革，不同于工商企业的股份制改造，要体现成员集体所有和特有的社区性，只能在农村集体经济组织内部进行。

股权设置应以成员股为主，是否设置集体股由本集体经济组织成员民主讨论决定。

股权管理提倡实行不随人口增减变动而调整的方式。

改革后农村集体经济组织要完善治理机制，制定组织章程，涉及成员利益的重大事项实行民主决策，防止少数人操控。

2. 确认农村集体经济组织成员身份

依据有关法律法规，按照尊重历史、兼顾现实、程序规范、群众认可的原则，统筹考虑户籍关系、农村土地承包关系、对集体积累的贡献等因素，协调平衡各方利益，做好农村集体经济组织成员身份确认工作，解决成员边界不清的问题。

改革试点中，要探索在群众民主协商基础上确认农村集体经济组织成员的具体程序、标准和管理办法，建立健全农村集体经济组织成员登记备案机制。成员身份的确认既要得到多数人认可，又要防止多数人侵犯少数人权益，切实保护妇女合法权益。

提倡农村集体经济组织成员家庭今后的新增人口，通过分享家庭内拥有的集体资产权益的办法，按章程获得集体资产份额和集体成员身份。

3. 保障农民集体资产股份权利

组织实施好赋予农民对集体资产股份占有、收益、有偿退出及抵押、担保、继承权改革试点。

建立集体资产股权登记制度，记载农村集体经济组织成员持有的集体资产股份信息，出具股权证书。

健全集体收益分配制度，明确公积金、公益金提取比例，把农民集体资产股份收益分配权落到实处。

探索农民对集体资产股份有偿退出的条件和程序，现阶段农民持有的集体资产股份有偿退出不得突破本集体经济组织的范围，可以在本集体内部转让或者由本集体赎回。

有关部门要研究制定集体资产股份抵押、担保贷款办法，指导农村集体经济组织制定农民持有集体资产股份继承的办法。及时总结试点经验，适时在面上推开。

（二）因地制宜探索农村集体经济有效实现形式

1. 发挥农村集体经济组织功能作用

农村集体经济组织是集体资产管理的主体，是特殊的经济组织，可以称为经济合作社，也可以称为股份经济合作社。

现阶段可由县级以上地方政府主管部门负责向农村集体经济组织发放组织登记证书，农村集体经济组织可据此向有关部门办理银行开户等相关手续，以便开展经营管理活动。

发挥好农村集体经济组织在管理集体资产、开发集体资源、发展集体经济、服务集体成员等方面的功能作用。

在基层党组织领导下，探索明晰农村集体经济组织与村民委员会的职能关系，有效承担集体经济经营管理事务和村民自治事务。

有需要且条件许可的地方，可以实行村民委员会事务和集体经济事务分离。

妥善处理好村党组织、村民委员会和农村集体经济组织的关系。

2. 维护农村集体经济组织合法权利

严格保护集体资产所有权，防止被虚置。

农村承包土地经营权流转不得改变土地集体所有性质，不得违反耕地保护制度。

以家庭承包方式承包的集体土地，采取转让、互换方式流转的，应在本集体经济组织内进行，且需经农村集体经济组织等发包方同意；采取出租（转包）或者其他方式流转经营权的，应报农村集体经济组织等发包方书面备案。

在农村土地征收、集体经营性建设用地入市和宅基地制度改革试点中，探索正确处理国家、集体、农民三者利益分配关系的有效办法。

对于经营性资产，要体现集体的维护、管理、运营权利；对于非经营性资产，不宜折股量化到户，要根据其不同投资来源和有关规定统一运行管护。

3. 多种形式发展集体经济

从实际出发探索发展集体经济有效途径。农村集体经济组织可以

利用未承包到户的集体“四荒”地（荒山、荒沟、荒丘、荒滩）、果园、养殖水面等资源，集中开发或者通过公开招投标等方式发展现代农业项目；可以利用生态环境和人文历史等资源发展休闲农业和乡村旅游；可以在符合规划前提下，探索利用闲置的各类房产设施、集体建设用地等，以自主开发、合资合作等方式发展相应产业。

支持农村集体经济组织为农户和各类农业经营主体提供产前产中产后农业生产性服务。

鼓励整合利用集体积累资金、政府帮扶资金等，通过入股或者参股农业产业化龙头企业、村与村合作、村企联手共建、扶贫开发等多种形式发展集体经济。

4. 引导农村产权规范流转和交易

鼓励地方特别是县、乡依托集体资产监督管理、土地经营权流转管理等平台，建立符合农村实际需要的产权流转交易市场，开展农村承包土地经营权、集体林权、“四荒”地使用权、农业类知识产权、农村集体经营性资产出租等流转交易。

县级以上地方政府要根据农村产权要素性质、流转范围和交易需要，制定产权流转交易管理办法，健全市场交易规则，完善运行机制，实行公开交易，加强农村产权流转交易服务和监督管理。

维护进城落户农民土地承包权、宅基地使用权、集体收益分配权，在试点基础上探索支持引导其依法自愿有偿转让上述权益的有效办法。

三、家庭农场

经过近年来的探索发展，人们对农民合作社和农业龙头企业的认识逐渐清晰，相对模糊的是如何区分专业大户和家庭农场的概念。家庭农场的提法在十七届三中全会的《关于推进农村改革发展若干重大问题的决定》中已有体现，有条件的地方要发展专业化大户、家庭农场。2013 年，“家庭农场”的概念首次在中央一号文件中出现，鼓励和支持承包土地向专业大户、家庭农场、农民合作社流转。家庭农场的概念可大致表述为：“家庭经营，规模适度，一业为主，集约生产”，即以农户为经营主体，主要利用家庭劳动力，生产经营规模适度，专业化、标准化、集约化、商品化水平较高，且以农业收入为主要收入来源的农业生产经营单位。家庭农场应具备四个基本特征：

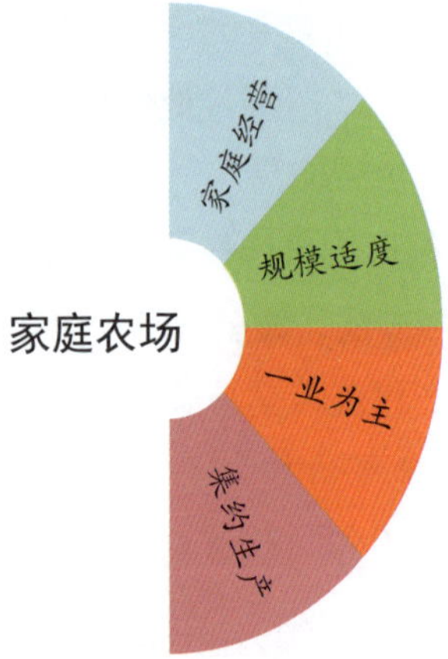

1. 家庭经营

家庭农场经营者原则上必须是本村农户家庭，且必须主要依靠家庭人员从事农业生产经营活动，不得将所经营土地再转包、转租给第三方经营；除季节性、临时性聘用短期用工外，不得常年雇佣外来劳动力从事家庭农场的生产经营活动。从这个角度看，外来的城镇居民或者其他投资者建立的农场，或者长期雇佣劳动力的农场，都不能算作家庭农场。

2. 规模适度

为了充分发挥家庭经营优势，家庭农场规模一定要适度，不能太大。“度”是家庭农场的生命力所在。

（1）根据当地农业机械化水平，一个劳动力能经营耕地的最大规模。

（2）家庭至少经营多大面积土地，才能通过自己的劳动致富。

（3）当地农村劳动力转移就业情况，有多少土地可流转出来。

（4）家庭农场收入水平要适当高于外出打工收入。

（5）家庭农场规模不宜过大，从业收入不能超过外出务工家庭收入太多，否则会引发攀比，致使农民重新要地自营，家庭农场经营规模也不会稳定。如果家庭农场规模过大，需要雇佣大量工人，就会出现劳动监督问题，导致成本增加，进而丧失家庭经营优势。

因此，要综合考虑不同地区经济社会发展阶段水平、农村劳动力转移程度、农地资源禀赋、产业差异、各业收入均衡等因素，因地制宜地确定家庭农场经营土地的合理规模。

3. 一业为主

长期以来，我国农业成了苦脏累、收入低产业的代名词，年轻人不以务农为荣，导致农业劳动力结构性矛盾日益突出。家庭农场的出现，逐步改变着人们的认识。家庭农场最大的吸引力在于，依靠农业为主的专业生产经营也能增收致富，农业已经成为一种“体面的职业”，从事农业同样可以获得“体面的收入”，过上“体面的生活”。

4. 集约生产

与小规模农户相比，家庭农场规模适度且不是很大，专业化生产、集约化经营可以有效地发挥规模效应和家庭经营优势。可以建立家庭农场主的准入和退出机制，并强化培训和考核。家庭农场主也普遍具有较强的危机意识和竞争意识。为了经营管理好家庭农场，农场经营者积极参加各种培训班，掌握最新农业科技知识。

家庭农场与专业大户的主要区别是：专业大户虽然也进行专业化生产，但其经营规模更具弹性，在不同地方专业大户标准可能差异很大，土地经营规模从几十亩到几百亩①、几千亩乃至上万亩不等，而且规模越大越需要长期雇工。

四、健全农产品市场体系

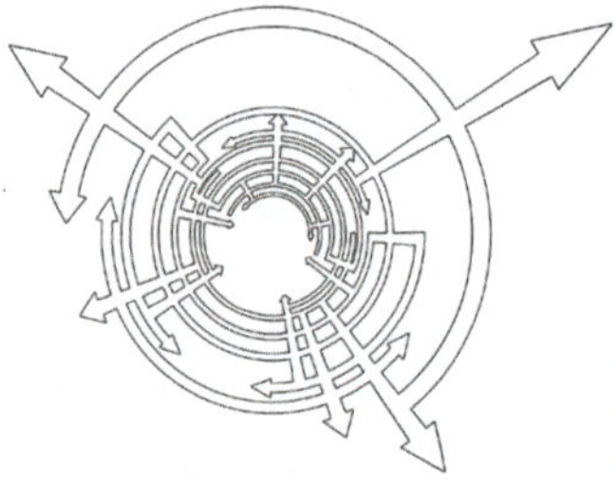

农产品市场体系是现代农业的重要特征。要进一步发挥市场在资源配置中的基础作用，积极培育农产品市场主体，发展中介服务机构、行业协会和商会，壮大农村经纪人队伍，培育多种形式的市场组织，提高农民进入市场的组织化程度；加快完善市场网络和市场规则，形成以批发市场为中心，以集贸市场、零售经营门店和超市为基础，布局合理、辐射力强的农产品流通网络，注重发挥期货市场的引导作用，鼓励发展现代物流、连锁经营、电子商务等新型流通方式，规范市场交易行为，提倡诚信经营、

① 亩：土地面积单位（非法定），1 亩≈ 666.67m^2，全书统一说明。

守法经营; 强化市场信息服务，健全农产品市场预警监测系统，启动“金农工程”，开发信息资源，做好信息发布工作，为农民提供更加便捷、有效的信息服务；全面开通农产品“绿色通道”，尽快实现省际互通，降低运输成本，方便农产品流通。

（一）创造良好的农产品国际贸易环境

（1）要统筹利用国际市场，优化国内农产品供给结构，健全公平竞争的农产品进口市场环境。

（2）健全农产品贸易反补贴、反倾销和保障措施法律法规，依法对进口农产品开展贸易救济调查。

（3）鼓励扩大优势农产品出口，加大海外推介力度。加强农业对外合作，推动农业走出去。

（4）以“一带一路”沿线及周边国家和地区为重点，支持农业企业开展跨国经营，建立境外生产基地和加工、仓储物流设施，培育具有国际竞争力的大企业大集团。

（5）积极参与国际贸易规则和国际标准的制定修订，推进农产品认证结果互认工作。

（6）深入开展农产品反走私综合治理，实施专项打击行动。

（二）探索建立农产品目标价格制度

21 世纪以来，我国实施最低收购价和临时收储等农产品价格支持政策，一方面，对有效调动农民种粮积极性，实现粮食产量“十连增”、农民增收“十连快”，增强粮食调控能力、维护市场稳定发挥了关键作用。另一方面，也逐步显现出一系列新问题、新矛盾，尤其在国内外环境出现重要变化的新形势下，现有支持政策正面临越来越严峻的挑战。

1. 提高认识，做好前期可行性研究工作

目前，国家关于农产品目标价格的改革刚刚起步，缺乏对农产品目标价格的全方面认识，尚处于研究借鉴国外相关政策做法和在一些省市进行试点工作的初级阶段。

尽管如此，建立农产品目标价格制作为以党的十八大全面深化改革决定思想为指导的重要改革举措之一，对农产品市场具有重要的调控引导作用，也不违背世贸组织的基本原则。各地果断响应国家对农产品市场的价格支持政策，进一步加强农产品目标价格研究，以深化对这项政策的认识，积极推进建立农产品目标价格制的可行性研究工作。省级政府相关部门可以成立专家组，组织相关领域的专家对重要生产基地进行实地考察研究，提出一些有参考价值的可行性建议；另外，各县（市）统计、价格调查等部门可针对性地加大农产品价格统计调查工作力度，收集基础性数据，为建立农产品目标价格制完成前期准备工作。

2. 做好政策规划，为建立农产品目标价格制确定改革方向

政府制定合理、科学的农产品目标价格政策，既要符合国家长期发展农业、提高农民收入、衔接国际市场的要求，又要注意整合现有粮食直补、良种补贴、农资综合补贴、农机具购置补贴等农产品价格支持政策，继续加强农产品市场和物流体系建设，完善储备调控体系。细化配套政策，统筹协进，循序展开每个阶段的工作，逐步推进农产品目标价格政策的制定。依据农产品目标价格政策规划，商务、财政、农业、物价、水产畜牧等各部门部署好阶段工作，处理好各个流程的对接，为建立农产品目标价格制夯实基础。

3. 做好相关机制建设，为实施农产品目标价格提供制度保障

（1）完善农户信息体系和农产品市场监测体系，第一时间监测列入目标价格的农产品市场运行情况。

（2）健全价格监督体系，预防信息失真风险，鼓励生产者相互监督，相关部门也可以通过信息平台发布价格信息，接受社会公众监督。

（3）加强基层干部作风建设，可以通过教育培训，提高他们的管理水平和工作效率，并为他们配备必要的工作设备。

（4）事权、财权分离，更好地保证补贴的公平发放，即制定农产品目标价格及确定差价补贴的对象额度两方面的工作，可以由物价部门具体操作，而差价补贴的发放则由财政部门来实施，可直接汇入农民的银行账户[①]。

五、充分发挥农业内部增收潜力

充分挖掘农业内部增收潜力，重点是继续推进农业结构调整，这是增加农民收入的现实途径。重点是组织实施优质粮食产业工程，着

① 谢学平、宁素琴、许安群：《建立农产品目标价格制的必要性研究——以广西为例》，《改革与战略》2015 年第 31 卷，第 3 期，81-84 页。DOI:10.16331/j.cnki.issn1002-736x. 访问日期：2015 年 3 月 19 日。

力支持粮食主产区重点建设旱涝保收、稳产高产基本农田；发展农区畜牧业和农产品加工、储藏、保鲜、运销业，促进粮食加工转化增值；继续推进农产品优势区域布局规划，大力发展特色农业，优化农产品品质结构，提高农产品质量安全水平和市场竞争力；推动畜禽养殖小区建设，加快畜牧业养殖方式转变，进一步加快畜牧业发展；推进渔业结构调整，积极发展出口优势水产品生产，不断提高优势水产品的国际竞争力。

充分挖掘农业内部增收潜力，必须转变农业生产增长方式，从粗放式经营向集约式经营转变。转变农业生产增长方式必须坚定不移地实施科技兴农战略。科技进步是实现农业集约经营的根本途径。

充分挖掘农业内部增收潜力，就要加快农业产业化进程，实现农工贸一体化、产供销一条龙。农业产业化经营是现代农业普遍采用的经营方式，它能够促进农村劳动生产率的提高、增加农业经济效益。农业产业化经营集产、供、销于一体，把农业生产、农用生产资料的提供、技术措施的采用以及农产品加工、保鲜、贮运和销售环节统一起来，延长农业的产业链条；它解决了一家一户的小生产与大市场的矛盾，把资源、人才、技术和资金集中优化配置，充分发挥具有市场竞争能力的规模优势，借助群体力量，拓展市场空间；更重要的是，它能够增加农民收入，提高农业的比较利益。

充分挖掘农业内部增收潜力，就要加快农村市场化。要建立以初级集贸市场为基础，批发市场为中心，结构完整、功能互补的市场网络；健全市场规划，维护市场秩序，规范交易行为；建立市场信息传播网、大宗农产品储备制度和相应的价格保护体系；降低农用生产资料的市场供应价格，

减少农业生产成本。从而实现农产品的有效供给和农民收入的稳定增长。实际上，中央提出，要加快建设现代农业，就是做农业内部挖潜的大文章。因为，现代农业既是科技化农业，又是产业化农业，还是市场化农业。农业能够实现这“三化”，内部增收潜力就能充分挖掘。

六、发挥政策对新型农业经营主体发展的引导作用

1. 引导新型农业经营主体多元融合发展

支持发展规模适度的农户家庭农场和种养大户。鼓励农民以土地、林权、资金、劳动、技术、产品为纽带，开展多种形式的合作与联合，积极发展生产、供销、信用“三位一体”综合合作，依法组建农民合作社联合社。支持农业产业化龙头企业和农民合作社开展农产品加工流通和社会化服务，带动农户发展规模经营。培育多元化农业服务主体，探索建立农技指导、信用评价、保险推广、产品营销于一体的公益性、综合性农业公共服务组织。大力发展农机作业、统防统治、集中育秧、加工储存等生产性服务组织。发挥供销、农垦等系统的优势，强化为农民服务。促进各类新型农业经营主体融合发展，培育和发展农业产业化联合体，鼓励建立产业协会和产业联盟。

2. 引导新型农业经营主体多路径提升规模经营水平

鼓励农民按照依法自愿有偿原则，通过流转土地经营权，提升土地适度规模经营水平。

支持新型农业经营主体带动普通农户连片种植、规模饲养，并提供专业服务和生产托管等全程化服务，提升农业服务规模水平。

引导新型农业经营主体集群集聚发展，参与粮食生产功能区、重要农产品生产保护区、特色农产品优势区以及现代农业产业园、农业科技园、农业产业化示范基地等建设，促进农业专业化布局、规模化生产。

支持新型农业经营主体建设形成一批“一村一品”“一县一业”等特色优势产业和乡村旅游基地，提高产业整体规模效益。

3. 引导新型农业经营主体多模式完善利益分享机制

引导和支持新型农业经营主体发展新产业新业态，扩大就业容量，吸纳农户脱贫致富。

总结土地经营权入股农业产业化经营试点经验，推广“保底收益+按股分红”等模式。

进一步完善订单带动、利润返还、股份合作等新型农业经营主体与农户的利益联结机制，让农民成为现代农业发展的参与者、受益者，防止被挤出、受损害。

支持龙头企业与农户共同设立风险保障金。探索建立政府扶持资金既帮助新型农业经营主体提升竞争力，又增强其带动农户发展能力，让更多农户分享政策红利的有效机制。

鼓励地方将新型农业经营主体带动农户数量和成效作为相关财政支农资金和项目审批、验收的重要参考依据。

允许将财政资金特别是扶贫资金量化到农村集体经济组织和农户后，以自愿入股方式投入新型农业经营主体，让农户共享发展收益。

4. 引导新型农业经营主体多形式提高发展质量

鼓励农户家庭农场使用规范的生产记录和财务收支记录，提升标准化生产和经营管理水平。

引导农民合作社依照章程加强民主管理、民主监督，发挥成员积极性，共同办好合作社。

鼓励龙头企业通过兼并重组，建立现代企业制度，加大科技创新，优化产品结构，强化品牌建设，提升农产品质量安全水平和市场竞争力。

鼓励各类社会化服务组织按照生产作业标准或服务标准，提高服务质量水平。

深入推进示范家庭农场、农民合作社示范社、农业产业化示范基地、农业示范服务组织、“一村一品”示范村镇创建，发挥示范带动作用。

（一）鼓励和引导农民发展各类专业合作经济组织

近年来，我国农民专业合作经济组织在各级政府的引导下和农户的积极参与下有了较快的发展，新建的合作组织日益规范，原有的组织也在不断地调整。但是，也有许多问题和困难需要解决。比如，一些地方的农民专业合作经济组织在获取信贷支持上还比较困难，很多专业合作组织的运作资金都主要依靠农民自筹，来源比较单一。又如，一些地方的农民专业合作经济组织的经济实力较弱、组织规模较小、组织能力较差，功能和作用较难发挥，带动作用不明显。从技术服务来看，由于一些农民专业合作经济组织

本身缺乏先进的生产技术传播途径和优秀的专业人才，它们所提供的技术服务的质量和数量尚不能满足农户生产的需求。

从这些情况来讲，积极引导和支持农民发展各类专业合作经济组织，需要进一步加大扶持力度，建立健全有利于农民合作经济组织发展的信贷、财税和登记等制度。着力培育一批竞争力、带动力强的龙头企业和企业集群示范基地，推广龙头企业、合作组织与农户有机结合的组织形式，让农民从产业化经营中得到更多的实惠。各级财政要增加扶持农业产业化发展资金，支持龙头企业发展，并可通过龙头企业资助农户参加农业保险。发展大宗农产品期货市场和“订单农业”。深化农村金融体制改革，规范发展适合农村特点的金融组织，发挥农村信用社的支农作用，建立健全农村金融体系。通过创新信贷担保手段和担保办法，解决龙头企业收购农产品资金不足的问题。

此外，积极引导和支持农民发展各类专业合作经济组织，还要注意加强培养造就新型农民。农民是社会主义新农村建设的主体，农民素质的现代化直接关系到农业和农村的现代化，关系到农民专业合作经济组织的发展成效。而且，引导和发展农民合作经济组织，农民接受并积极参与十分关键。总的来看，当前我国农村劳动力平均受教育的年限还较短，各方面素质还有待进一步提高。因此，要着力普及和巩固农村九年制义务教育，构建农村义务教育经费保障机制，实施农村教师培训计划，鼓励城市各单位开展智力支农，加大城镇教师支援农村教育的力度。要支持新型农民科技培训，提高农民务农技能和科技素质，实施农村劳动力转移培训工程，增强农村劳动力的就业能力；实施农村实用人才培训工程，培养一大批生产能手、能工巧匠、经营能人和科技人员。要依托产业发展对农民开展农业实用技术培训和职业技能培训，同时积极引导和教育农民提高修养、崇尚科学，使之成为有文化、懂技术、会经营的新型农民，为推进农业产业结构调整，加快农业产业化进程，增加农民收入提供智力支持和人才保障。特别是要加大相关专业人才的培训力度，切实采取各种措施，引导和扶持农民参与各类专业合作经济组织建设。同时，还要加强农村文化设施建设，扩大广播电视和电影覆盖面，引导文化工作者深入乡村，满足农民群众精神文化需求，扶持农村业余文化队伍，鼓励农民兴办文化产业，推动实施农民体育健身工程，开展“文明村镇”和“文明户”活动，引导农民形成科学文明健康的生活方式。

（二）建立健全支持新型农业经营主体发展政策体系

1. 完善财政税收政策

规范收缴行为并统一税收标准，要规范收缴行为并统一税收标准。依法纳税是每个公民应尽的义务，一些单位虽然性质特殊，但也要依法履行纳税职责。具体来说，继续加大宣传，让工作人员充分认识到纳税的重要性和必要性，树立自觉纳税意识。单位也要定期组织员工学习税收法律知识学习活动，使财务人员努力提升自己的税收管理水平，确保税收管理的规范与合法。要严格按照国家要求进行税收缴纳，且足额缴纳，及时缴纳。严格避免偷税、漏税的违法行为。一些单位也要完善税收上缴体系，使税收管理工作顺利推进。要统一税收标准，要根据现有人员构成进行分组训练，让财务人员熟悉国家的税收新政策，自觉正确辨认应税项目和非应税项目。也要及时公布税收数据，特别是借助现代技术，发挥其信息快速发布优势，及时公开数据信息，保证数据实时更新，确保数据真实有效。单位也应着手建构数据反馈平台，及时听取纳税者的相关建议，努力提升纳税服务水平。

2. 加强基础设施建设

各级财政支持的各类小型项目，优先安排农村集体经济组织、农民合作组织等作为建设管护主体，强化农民参与和全程监督。

鼓励推广政府和社会资本合作模式，支持新型农业经营主体和工商资本投资土地整治和高标准农田建设。

鼓励新型农业经营主体合建或与农村集体经济组织共建仓储烘干、晾晒场、保鲜库、农机库棚等农业设施。

支持龙头企业建立与加工能力相配套的原料基地。统筹规划建设农村物流设施，重点支持“一村一品”示范村镇和农民合作社示范社建设电商平台基础设施，逐步带动形成以县、乡、村、社为支撑的农村物流网络体系。

新型农业经营主体所用生产设施、附属设施和配套设施用地，符合国家有关规定的，按农用地管理。

各县（市、区、旗）根据实际情况，在年度建设用地指标中优先安排新型农业经营主体建设配套辅助设施，并按规定减免相关税费。

对新型农业经营主体发展较快、用地集约且需求大的地区，适度增加年度新增建设用地指标。

通过城乡建设用地增减挂钩节余的用地指标，优先支持新型农业经营主体开展生产经营。

允许新型农业经营主体依法依规盘活现有农村集体建设用地发展新产业。

新型农业经营主体发展农产品初加工用电执行农业生产电价。推进农业水价综合改革，建立农业用水精准补贴机制和节水奖励机制，在完善水价形成机制的基础上，对符合条件的新型农业经营主体给予奖补。

3. 改善金融信贷服务

综合运用税收、奖补等政策，鼓励金融机构创新产品和服务，加大对新型农业经营主体、农村产业融合发展的信贷支持。

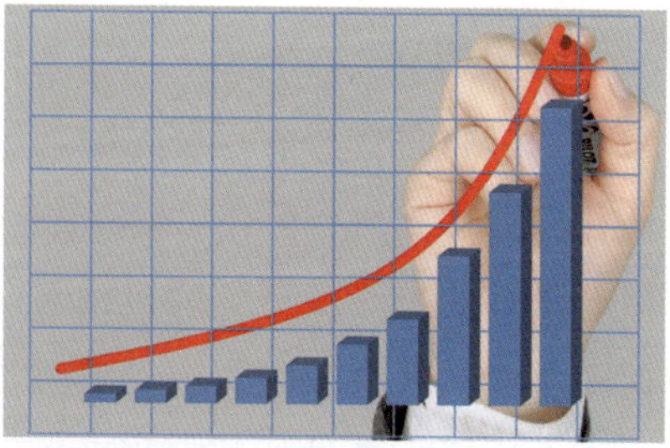

建立健全全国农业信贷担保体系，确保对从事粮食生产和农业适度规模经营的新型农业经营主体的农业信贷担保余额不得低于总担保规模的 70%。支持龙头企业为其带动的农户、家庭农场和农民合作社提供贷款担保。

有条件的地方可建立市场化林权收储机构，为林业生产贷款提供林权收储担保的机构给予风险补偿。稳步推进农村承包土地经营权和农民住房财产权抵押贷款试点，探索开展粮食生产规模经营主体营销贷款和大型农机具融资租赁试点，积极推动厂房、生产大棚、渔船、大型农机具、农田水利设施产权抵押贷款和生产订单、农业保单融资。

鼓励发展新型农村合作金融，稳步扩大农民合作社内部信用合作试点。

建立新型农业经营主体生产经营直报系统，点对点对接信贷、保险和补贴等服务，探索建立新型农业经营主体信用评价体系，对符合条件的灵活确定贷款期限，简化审批流程，对正常生产经营、信用等级高的可以实行贷款优先等措施。

积极引导互联网金融、产业资本依法依规开展农村金融服务。

4. 扩大保险支持范围

鼓励地方建立政府相关部门与农业保险机构数据共享机制。在粮食主产省开展适度规模经营农户大灾保险试点，调整部分财政救灾资金予以支持，提高保险覆盖面和理赔标准。落实农业保险保额覆盖直接物化成本，创新“基本险＋附加险”产品，实现主要粮食作物保障水平涵盖地租成本和劳动力成本。推广农房、农机具、设施农业、渔业、制种保险等业务。积极开展天气指数保险、农产品价格和收入保险、“保险＋期货”、农田水利设施保险、贷款保证保险等试点。研究出台对地方特色优势农产品保险的中央财政以奖代补政策。逐步建立专业化农业保险机构队伍，提高保险机构为农服务水平，简化业务流程，搞好理赔服务。支持保险机构对龙头企业到海外投资农业提供投融资保险服务。扩大保险资金支农融资试点。稳步开展农民互助合作保险试点，鼓励有条件的地方积极探索符合实际的互助合作保险模式。完善农业再保险体系和大灾风险分散机制，为农业保险提供持续稳定的再保险保障。

5. 鼓励拓展营销市场

支持新型农业经营主体参与产销对接活动和在城市社区设立直销店（点）。落实鲜活农产品运输绿色通道、免征蔬菜流通环节增值税和支持批发市场建设等政策。鼓励有条件的地方对新型农业经营主体申请并获得专利、“三品一标”认证、品牌创建等给予适当奖励。加快实施“互联网+”现代农业行动，支持新型农业经营主体带动农户应用农业物联网和电子商务。采取降低入场费用和促销费用等措施，支持新型农业经营主体入驻电子商务平台。实施信息进村入户入社工程，建立农业信息监测分析预警体系，为新型农业经营主体提供市场信息服务。组织开展农民手机应用技能培训，提高新型农业经营主体和农民发展生产的能力。

6. 支持人才培养引进

依托新型职业农民培育工程，整合各渠道培训资金资源，实施现代青年农场主培养计划、农村实用人才带头人培训计划以及新型农业经营主体带头人轮训计划，培养更多爱农业、懂技术、善经营的新型职业农民。办好农业职业教育，鼓励新型农业经营主体带头人通过“半农半读”、线上线下等多种形式就地就近接受职业教育，积极参加职业技能培训和技能鉴定。

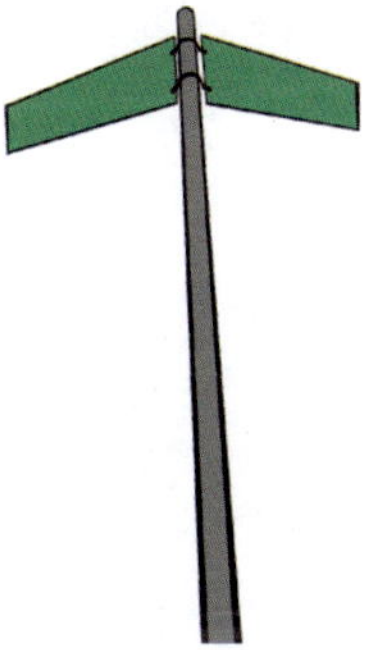

鼓励有条件的地方通过奖补等方式，引进各类职业经理人，提高农业经营管理水平。将新型农业经营主体列入高校毕业生“三支一扶”计划、大学生村官计划服务岗位的拓展范围。

鼓励农民工、大中专毕业生、退伍军人、科技人员等返乡下乡创办领办新型农业经营主体。深入推行科技特派员制度，鼓励科研人员到农民合作社、龙头企业任职兼职，完善知识产权入股、参与分红等激励机制。

建立产业专家帮扶和农技人员对口联系制度，发挥好县乡农民合作社辅导员的指导作用。

七、以利益联结机制为纽带促进农业产业化经营

农业产业化经营不断发展的关键是要形成一个有效的利益联结机制，没有一个兼顾各方面权益的利益联结机制，就不可能有农业产业化经营的可持续发展。

我国主要农业产业化经营模式中的利益关系形式如下。

1. “公司 + 农户经营模式”中的公司、企业等营利性经济实体与农户的利益关系

这类经济实体与农户作为各自独立的经营者和利益主体，按照市场交换的原则发生经济联系，以合同契约作为制度和法律保证。这类组织与农户的利益关系又可分为松散型和紧密型。

2. 农民合作组织模式中的农村合作经济组织与农户的利益关系

这主要是指农户以合作经济组织为载体在流通环节、加工环节、科技及信息等服务环节以自助互利的方式发展农业产业化，农户除能

从合作经济组织得到生产所得的利益外，还能得到合作经济组织从事其他环节经营服务所得的利润返还。

3. 股份合作制经济组织与农户的利益关系

在这类组织中，农户以入股的形式进入股份合作制企业，不但能得到生产者的利益，还能以股东的身份分享股份经济组织从事生产经营获得的部分利润，但这部分利润与农户参加合作经济组织所得的按交易量返还的利润不同，它是一种投资的回报。

农业产业化的利益机制包括利益创造和利益分配两个方面。农业产业一体化中产前、产中、产后各级部门都是创造利益的直接主体，协调好它们之间的关系，形成激励机制尤为重要。各个部门都有必要采用先进的生产技术和管理经验，提高生产水平及农产品的科技含量，增加附加值，创造更多的利润。龙头企业自身经营管理效率的提高和规模的不断壮大是整个一体化产业发展乃至生存的关键。龙头企业应对广大处于关键的产中地位却缺技术、少资本的农户进行培训、扶持和帮带。利益分配是利益机制的关键，关系到农业产业一体化各部门的协作运行。加工和运销部门在经营过程中，资金投入多，周转快，利润较大，资金利润率常高于农业生产；而农户处于出卖原料的地位，作为价格的被动接受者，一般难以得到正常的利润。除可以通过协调

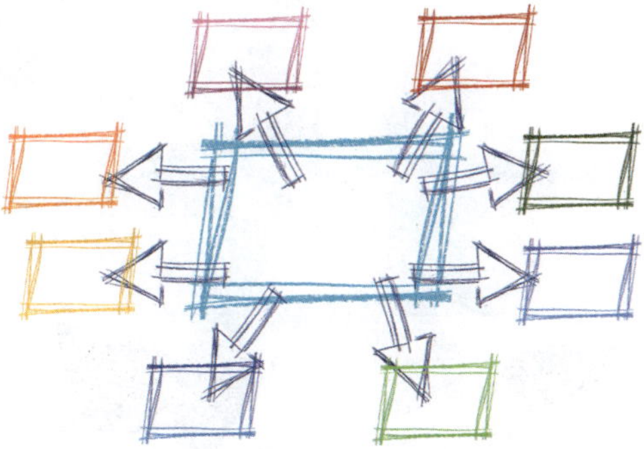

渠道或中介组织进行相应的监督，以公平合理的协议方式保护农民利益外，还可以充分鼓励加工、运销环节部门间的竞争和发展，使其企业总量略多于农户供给的原料水平，这样只有他们出公道的价格，并争取农户的信任，才能保证稳定的农产品货源，这样才能使基层农户掌握一定卖价的权力。

（一）完善健全良性循环的农业利益机制

农业产业化发展依托于利益机制的建立，在市场经济的竞争中，如何有效地激励利益创造，合理地进行利益分配，并建立起良性循环的农业利益机制尤为关键。

1. 形成有效的农业产业化利益创造机制

从农业产业化经营的根本目的出发，尽可能做到充分调动公司、企业等中介组织和农户两方面的积极性，是农业产业化利益创造的关键。要确保农业产业化经营主体——公司、中介组织和农户创造利益的积极性，就要明确经济利益主体的产权，切实保护经济利益主体的产权，营造一个公开、公平、公正竞争的政务环境、市场环境和法制环境；要求制定支持性的农业产业化的政策措施，对农业产业化经营的龙头企业、农业服务中介组织和从事农业生产的农户实行财政支持

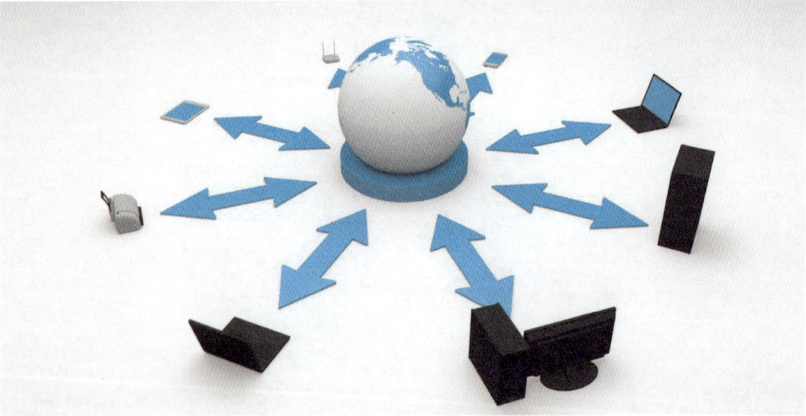

和金融支持，扶持农业产业化的发展。

2. 建立农业产业化利益分配机制的原则

（1）农民与各类经济组织利益权利平等的原则。利益分配合理与否，将影响各利益主体积极性和创造性的发挥，从而最终影响经济的可持续发展。

（2）让农民合理得利、反哺农业的原则。农业产业比较效益低的一个重要原因是，农业要承受自然风险和市场风险。建立农产品加工业反哺农业、让农民合理得利的机制，是农业产业化经营发展的保障。

（3）有利于农民、各类经济组织总体利益最大化的原则。

（4）符合国家法律、政策的原则。

3. 立足实际创新农业产业化利益分配机制

（1）解放思想，引导农业产业化经营主体不断更新观念，树立互利互惠、共同致富、长远发展的利益取向。

（2）要把利益分配机制建设纳入规范化、制度化的轨道。

（3）创新农业产业化经营的利益分配方式。

（4）企业与农户有租赁关系的以租金方式付给租让其承包地的农户。

（二）完善农业产业链与农民利益联结机制

促进农业产加销紧密衔接、农村一二三产业深度融合，推进农业产业链整合和价值链提升，让农民共享产业融合发展的增值收益，培育农民增收新模式。

支持供销合作社创办领办农民合作社，引领农民参与农村产业融合发展、分享产业链收益。

创新发展订单农业，支持农业产业化龙头企业建设稳定的原料生产基地、为农户提供贷款担保和资助订单农户参加农业保险。

鼓励发展股份合作，引导农户自愿以土地经营权等入股龙头企业和农民合作社，采取“保底收益＋按股分红”等方式，让农户分享加工销售环节收益，建立健全风险防范机制。

加强农民合作社示范社建设，支持合作社发展农产品加工流通和直供直销。

通过政府与社会资本合作、贴息、设立基金等方式，带动社会资本投向农村新产业新业态。

实施农村产业融合发展试点示范工程。

财政支农资金使用要与建立农民分享产业链利益机制相联系。

巩固和完善“合同帮农”机制，为农民和涉农企业提供法律咨询、合同示范文本、纠纷调处等服务。

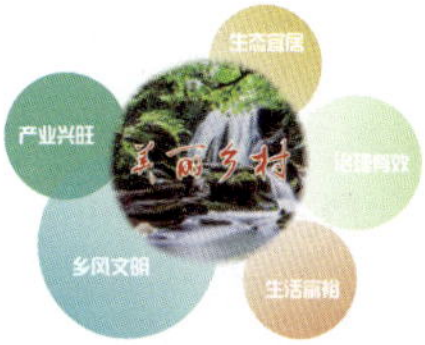

第六章　完善农业支持保护体系助力乡村高质量发展

推进目标

对农业实行必要的支持保护是发展现代农业的客观需要，要坚持“多予、少取、放活”的基本方针，以保障主要农产品供给、促进农民增收、实现农业可持续发展为重点，加大农业支持保护力度，提高农业支持保护效能，完善农业生产激励机制，加快形成覆盖全面、指向明确、重点突出、措施配套、操作简便的农业支持保护制度。

理论依据

国务院印发的《“十四五”推进农业农村现代化规划》明确提出，完善农业支持保护制度一个重要方面就是优化农业补贴政策，强化高质量发展和绿色生态导向。

实施举措

改革开放以来，我国农业支持保护政策不断得到加强。但与成熟的市场经济国家相比，我国农业支持保护水平还很低，支持保护机制还很不完善。即使与我国经济发展所处的阶段相比，也是不相称的。

一、调整国民收入分配格局，建立财政支农资金的稳定增长机制，增加农业国内支持总量

农业国内支持政策是提高我国农业综合生产能力和农产品国际竞争力的必要条件，是加强农业支持保护的主要措施。必须坚持农业投入与国民经济增长相适应的原则，保证财政支农资金总量在现有水平上逐年增加。

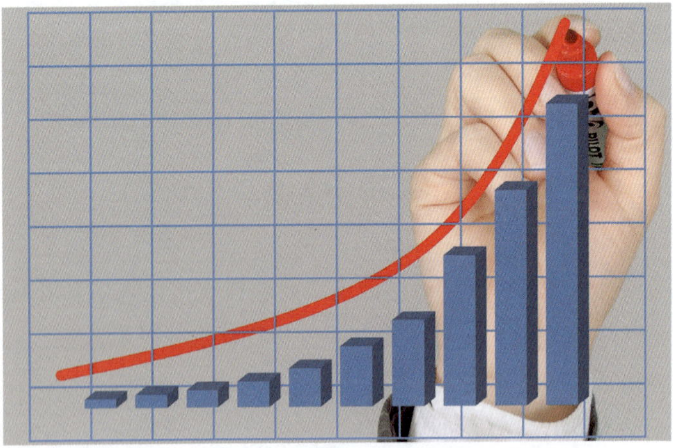

二、调整农业支持保护结构，重点加大对农业科技、农业生产性基础设施建设的投入，提高农业综合生产能力

（1）加大基础性、公益性农业科研投入，提高农业科技创新能力，增强农业科技储备。

（2）完善和创新农业技术推广体系，提高农业科研成果的转化率，提高国家农业技术推广资金的使用效率。

（3）按照公共财政的原则，明确和强化各级政府在中小型农村公益设施建设方面的责任，把农村中小型基础设施建设作为各级财政支农投资的重点领域。加大对农业基础设施建设的投入力度，重点支持西部贫困地区和粮食主产区农村中小型农业基础设施建设。

（4）扩大良种补贴规模和范围，2022 年实施的大豆、小麦、玉米良种推广补贴试点，取得了显著效果，应在此基础上不断扩大规模，并进一步向其他农产品延伸。

（5）继续增加对农业生产资料的补贴，结合农业生产资料价格上涨的情况，建立对化肥、农药、燃油等农业生产资料的政策性补贴制度。

三、建立政策主导性的农业保险体系

农业保险对农业风险损失的经济补偿功能是其他政府投入无法完全替代的。国际、国内开展农业保险的实践经验表明，农业保险是一种受自然灾害制约较大的高风险的保险业务，具有准公共物品的性质，完全实行商业化经营模式是不现实的。但建立一个自上而下的政府主办、政府经营的政策性保险体系，运行监督成本高。根据国外农业保险的实践经验，我国今后应以建立政府主导下的政府与商业保险公司混合经营、以国家农业保险公司的宏观调控来引导农业保险发展方向、以各省农业保险公司的区域性管理为业务主导，以县、乡两级的农业保险公司为经营主体的政策主导性的农业保险体系。

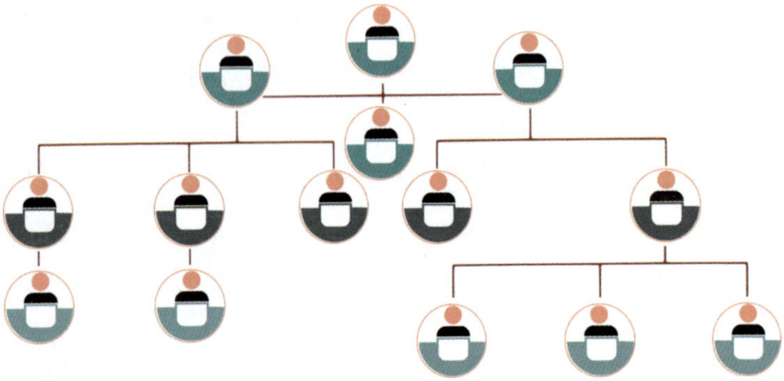

四、完善农业社会化服务体系

针对当前我国农业社会化服务体系建设中存在的主要问题，主要做好以下几项工作。

（1）加强农业社会化服务组织机构的建设。改革管理体制，理顺各级各类服务部门的关系，明确各自的职能范围。充实完善乡村集体经济服务组织，充实其服务内容，发挥其在服务体系中的骨干作用。

鼓励农民根据市场的需要，在自愿互助的基础上建立各种类型的服务组织，鼓励大企业、大公司与农业生产单位或个人的横向联合，走贸工农、供产销一体化的道路。培植和引导农民自发形成民间服务组织，大力发展农产品行业协会和各类专业合作组织。抓紧组建重要出口农产品行业协会和骨干品种行业协会，各级政府要赋予协会必要的职能和手段。按照“民办、民管、民受益”的原则，加快发展各种新型农民专业合作组织。

（2）加快农产品质量标准、检验检测和认证体系建设。要提高农业国际竞争力，必须与国际标准接轨，抓好农业标准的制定修订工作，建设较为完善的农产品生产、加工、流通全过程的质量标准体系；从全国一盘棋出发，尽快形成专业齐全、分工明确、方便快捷的检验检测网络，实现农产品质量全程控制；加强有机食品、绿色食品认证管理和服务机构建设，搞好宣传培训和认证服务，引导和帮助更多的企业申报有机食品和绿色食品。

（3）改革农业科技推广体制。主要是实行经营性服务和公益性职能分开，积极培育多元化农业技术推广服务组织，建立一支以各级农业部门技术推广机构为主导，农业科技工作者、农民、企业等社会各界广泛参与的多元化农业科技推广队伍。

（4）增加服务组织服务的信息、技术含量，充实服务内容，完善服务体系的综合服务功能，提高服务质量。

五、完善农业支持保护方面的法律保障

（1）积极促进完善涉农法律法规，推动把支持粮食生产、“菜篮子”产品生产等强农惠农政策法制化；加快建立权责明确、行为规范、监督有效、保障有力的农业行政执法体系，全面加强农业执法，大力推进农业综合执法，增强依法行政能力，切实维护农业生产经营

秩序。加强农村法制宣传教育。

（2）要完善农业支持法律体系，依法规范各级政府支农行为。要按照建立公共财政体制的要求，调整财政支农资金的使用方向，转变补贴方式。要逐步减少对流通环节的补贴，要将主要农产品市场风险基金转为对农民的直接收入补贴。在粮棉主产区建立对农民使用先进技术的直接补贴制度。增加对农民的生态环境补贴。增加农业科研和推广、质量安全和检验检测、农产品流通设施、农民培训等方面的投入。逐步将县以下以改善农民基本生产条件和生活质量为重点的中小型基础设施建设纳入各级政府基本建设投资的范畴。改进政府农业投资管理体制，提高政府支农资金的使用效益。

六、构建新型农业社会化服务体系

（一）农业社会化服务的内容

农业社会化服务，指的是专业经济部门、乡村合作经济组织和社会其他方面为农、林、牧、渔等各业发展提供的服务。建立农业社会化服务体系（西方国家称之为农业的“支持系统”），是任何国家发展农业都必须高度重视的问题。

农业社会化服务包括为农民提供的产前、产中和产后的全过程综合配套服务。根据农民生产需求的多样性和复杂性，我们可以把农业社会化服务内容大体概括为10个方面：

（1）供应服务。主要是化肥、种子、农药的供应，资金的供应，农机配件和农电供应，以及农业生产中的其他买难问题。

（2）销售服务。农民最担心的是生产的产品卖不掉，投入的劳动、生产资料、资金收不回来，没法继续生产，要求解决卖难问题。

（3）加工服务。主要是畜禽饲料加工，农产品的初级加工、保鲜加工。

（4）储运设施服务。主要是修筑道路，开通航道，组织好农产品运输。

（5）科技服务。包括水利、农机、畜牧兽医、作物栽培、良种繁育、植物保护，以及发展乡镇工业所需要的技术指导，重点是技术培训、技术咨询、技术承包。

（6）信息服务。主要农户家庭经营中所需的产品供求信息、价格信息等。

（7）法律服务。主要是法律咨询、契约公证、合同仲裁和提供诉讼方便，保持农民的合法权益。

（8）经营决策服务。包括生产计划的安排，项目选定，产品的销向和经营方面的意见、建议等。

（9）生活方面的服务。包括乡村生产环境的治理、保护、文化设施建设，生活用品的采购等方面。

（10）社会保障服务。包括合作医疗、财产和人身保险等方面。

（二）农业社会化服务体系的措施

1. 培育多元社会化服务组织

巩固乡镇涉农公共服务机构基础条件建设成果。鼓励农技推广、动植物防疫、农产品质量安全监管等公共服务机构围绕发展农业适度规模经营拓展服务范围。大力培育各类经营性服务组织，积极发展良种种苗繁育、统防统治、测土配方施肥、粪污集中处理等农业生产性服务业，大力发展农产品电子商务等现代流通服务业，支持建设粮食烘干、农机场库棚和仓储物流等配套基础设施。农产品初加工和农业灌溉用电执行农业生产用电价格。鼓励以县为单位开展农业社会化服务示范创建活动。开展政府购买农业公益性服务试点，鼓励向经营性服务组织购买易监管、可量化的公益性服务。研究制定政府购买农业公益性服务的指导性目录，建立健全购买服务的标准合同、规范程序和监督机制。积极推广既不改变农户承包关系，又保证地有人种的托管服务模式，鼓励种粮大户、农机大户和农机合作社开展全程托管或主要生产环节托管，实现统一耕作，规模化生产。

2. 开展新型职业农民教育培训

制定专门规划和政策，壮大新型职业农民队伍。整合教育培训资源，改善农业职业学校和其他学校涉农专业办学条件，加快发展农业职业教育，大力发展现代农业远程教育。实施新型职业农民培育工程，围绕主导产业开展农业技能和经营能力培养培训，扩大农村实用人才带头人示范培养培训规模，加大对专业大户、家庭农场经营者、农民合作社带头人、农业企业经营管理人员、农业社会化服务人员和返乡农民工的培养培训力度，把青年农民纳入国家实用人才培养计划。努力构建新型职业农民和农村实用人才培养、认定、扶持体系，建立公益性农民培养培训制度，探索建立培育新型职业农民制度。

3. 发挥供销合作社的优势和作用

扎实推进供销合作社综合改革试点，按照改造自我、服务农民的要求，把供销合作社打造成服务农民生产生活的生力军和综合平台。利用供销合作社农资经营渠道，深化行业合作，推进技物结合，为新型农业经营主体提供服务。推动供销合作社农产品流通企业、农副产品批发市场、网络终端与新型农业经营主体对接，开展农产品生产、加工、流通服务。鼓励基层供销合作社针对农业生产重要环节，与农民签订服务协议，开展合作式、订单式服务，提高服务规模化水平。

七、加快构建农村金融支持体系

（一）发挥农村金融机构的作用

当前，要重点发挥农业发展银行、农村信用社、农业银行以及其他金融机构在支农中的作用。

1. 发挥农发行在支农中的主导作用

适当扩大农发行的业务范围。在现有业务范围的基础上，增加农业和农村经济发展的中长期贷款。扩大农发行的资金来源渠道。按农发行收购、储备、调销贷款已经形成的资金占用，合理确定人民银行对农发行的再贷款规模。以国家信用为基础，发行金融债券，或直接利用国债资金。合理利用商业性金融机构和邮政储蓄的转存款。按商业化管理的要求，完善农发行的经营机制。要在坚持市场原则和银行原则的基础上，按商业化管理要求，完善经营机制，加强经营管理。要完善指标考核体系，把资产质量、经营绩效作为重要考核对象，建立有效激励机制。要完善配套措施，营造良好的外部环境。建立合理的利益补偿机制，财政部门应根据农发行承担的政策性业务规模，给予相应补贴。对农发行经营的政策性金融业务，应减免所得税和营业税，用以补充农发行的资本金。

2. 发挥农村信用社在支农中的主体作用

（1）要明确农村信用社的市场定位。农村信用社是农村金融市场中的主力军，是区域性金融机构，应坚持为“三农”服务的经营方向，其业务活动只限于所在县（市）地域范围之内，其资金来源的一定比例只能用于支持“三农”。

（2）要完善农村信用社的治理机制。农村信用社能否真正成为自主经营、自我约束、自我发展和自担风险的市场主体，真正成为服务“三农”的地方性金融企业，建立合理、科学、有效的公司治理机制是关键。

（3）要完善股权设置。要结合实际，合理确定入股起点；鼓励社会资金参与农村信用社重组改造；规范入股行为，确保入股资本金的真实性和有效性。按照现代企业制度的要求，重视农村信用社公司治理制度的创新，积极探索符合实际的、切实可行的公司治理机制。

（4）要强化对农村信用社的政策扶持和监督管理。继续对农村信用社在所得税和营业税等方面给予一定优惠，有条件的省级人民政府应加大对农村信用社的政策扶持力度。按照“国家宏观调控，省级政府依法管理，信用社自我约束、自担风险”的总体要求，有关部门应切实履行监管职责，进一步加强对农村信用社的监管，对风险较高的农村信用社及时采取有力措施，对严重资不抵债、经营混乱的农村信用社强行撤并。

3. 发挥农业银行等商业性金融机构支农的积极作用

农业和农村经济发展的多样性和多层次性，客观上需要商业性的金融服务。农业银行作为国有商业银行，应朝着真正的商业银行方向改革和发展。由于农业银行是由专门为农业服务的国有专业银行演变而来，与其他国有商业银行相比，其业务相对较多地分布在农村领域。在确保农业银行作为真正商业银行性质的前提下，从构建分工合理的农村金融服务体系出发，根据农业银行的商业性金融的特点明确其相应的支农定位。作为商业银行性质的农业银行在服务“三农”方面，主要为商业化程度高、资金需求量大的中高层次农村经济主体提供金融服务。为此，必须坚持商业性金融和政策性金融区隔的原则，妥善处置目前仍由农业银行承担的农村扶贫贷款等政策性业务。建立有效机制，引导社会资金回流农村。可借鉴有些国家的做法，要求所有银行类金融机构人民币存款增量的一定比例，或直接用于农业信贷，或转存农村金融机构。

4. 发挥其他金融机构的功能作用

（1）完善邮政储蓄的功能。降低邮政储蓄在人民银行的转存款利率，逐步消化邮政储蓄在中央银行的存款存量。同时按市场化的原则，引导邮政储蓄资金回流农村。要求邮政储蓄部门按一定比例，把吸收的农村储蓄以批发的方式委托农村金融机构代为发放贷款，或通过协议存款的方式存放农村金融机构，或购买农村金融债券。

（2）推进其他金融机构对农村保险建设的功能作用。为满足农业和农村经济发展对农村保险的需要，降低农业生产和经营风险，保护和支持农业，应尽快建立多层次多渠道支持、多主体经营的农业保险体系。应制定农业保险发展规划，研究设计制定政策性农村保险中

的种植业和养殖业的具体险种及风险防范措施。加快研究设立农业保险基金的可行性和具体方案。构建多种形式和多种渠道的农村保险组织体系。发展互助合作保险组织，支持国内商业性保险公司和外国保险机构进入农村保险市场。充分调动地方政府的积极性，适当批设一些地方性农业保险公司。鼓励保险公司加大农业保险产品创新力度，积极开发适合农村和农民需要的保险产品。研究制定农业保险的扶持政策，在资金、税收和再保险等方面给予一定的优惠政策。加快农业保险法制建设，尽快制定专门的农业保险法律法规，规范农业保险的经营行为，促进农业保险事业健康发展。

（二）农村金融改革的着力点

农村金融服务乏力的症结，说到底并不是农业生产和农民群众如何适应现代金融体系，而是现代金融体系如何适应农业农村实际的问题。单纯从商业金融和城市金融的角度来看，确实难以寻找到有效办法。农村金融体制改革是一项涉及广泛的系统工程，需要进行深入研究，从多方面加以推进。

具体地说，农村金融改革的着力点落在以下几个方面：

（1）分清财政与金融的职能，增加财政的投入，保障农民增收。

（2）在农村金融机构建立良好的治理结构、激励机制，其中最主要的是通过借鉴国际上一系列行之有效的做法，让农村金融机构员

工和客户都得到良好有效的激励；应明确农村信用社的产权，改善其治理结构，并赋予其经营自主权。

（3）开放农村金融市场，制定准入标准和程序，创造一个各金融机构公平竞争的环境。

（4）利率市场化，这是农村金融机构商业化可持续发展的前提。

（5）加快农村土地制度的改革，建立农业保险、大宗农产品期货和信用登记系统，降低农村金融机构的贷款风险。

（6）建立有效的多层次监管框架，对不同风险的农村金融机构采取不同的监管方式。

（7）加快建立农村金融机构存款保险制度，增强对农村金融机构经营的市场约束。

（8）用市场化的手段引导农村资金服务“三农”。

（9）建立开放的商业化农村金融扶贫体系，动员社会资金参与扶贫。

总之，农村金融体系顶层设计，既需要考虑按照金融市场规律办事，重视风险防控，审慎监管，确保金融机构财务可持续，同时也必须在机构设立、产品设计、组织体系、信贷管理、监管体制等各个方面准确把握农业生产实际和农民金融需求的特征，使金融服务供给与农民需求有效对接。

（三）不断推进农村金融创新

（1）要强化激励约束机制，确保“三农”贷款投放持续增长。

（2）支持金融机构增加县域网点，适当下放县域分支机构业务审批权限。

（3）对涉农业务较多的金融机构，进一步完善差别化考核办法。

（4）落实涉农贷款增量奖励政策。

（5）支持农村商业银行、农村合作银行、村镇银行等农村中小金融机构立足县域，加大服务“三农”力度，健全内部控制和风险管理制度。

（6）规范发展农村资金互助组织，严格落实监管主体和责任。

（7）开展农民合作社内部信用合作试点，鼓励发展农业互助保险。

（8）支持国家开发银行创新信贷投放方式。

（9）完善农业发展银行风险补偿机制和资本金补充制度，加大对粮食多元市场主体入市收购的信贷支持力度。

（10）深化农业银行“三农”金融事业部改革，对达标县域机构执行优惠的存款准备金率。

（11）加快完善邮储银行“三农”金融事业部运作机制，研究给予相关优惠政策。

（12）抓紧研究制定农村信用社省联社改革方案。

（13）优化村镇银行设立模式，提高县（市）覆盖面。

（14）鼓励金融机构积极利用互联网技术，为农业经营主体提供小额存贷款、支付结算和保险等金融服务。

（15）推进信用户、信用村、信用乡镇创建。

（16）支持金融机构开展适合新型农业经营主体的订单融资和应收账款融资业务。

（17）深入推进承包土地的经营权和农民住房财产权抵押贷款试点，探索开展大型农机具、农业生产设施抵押贷款业务。

（18）加快农村各类资源资产权属认定，推动部门确权信息与银行业金融机构联网共享。

（19）持续推进农业保险扩面、增品、提标，开发满足新型农业经营主体需求的保险产品，采取以奖代补方式支持地方开展特色农产品保险。

（20）鼓励地方多渠道筹集资金，支持扩大农产品价格指数保险试点。探索建立农产品收入保险制度。

（21）支持符合条件的涉农企业上市融资、发行债券、兼并重组。

（22）在健全风险阻断机制前提下，完善财政与金融支农协作模式。

（23）鼓励金融机构发行“三农”专项金融债。

（24）扩大银行与保险公司合作，发展保证保险贷款产品。

（25）深入推进农产品期货、期权市场建设，积极引导涉农企业利用期货、期权管理市场风险，稳步扩大“保险＋期货”试点。

（26）严厉打击农村非法集资和金融诈骗。积极推动农村金融立法。

八、大力推行农业保险

农业通常存在两类风险：自然风险和市场风险。自然风险具有损失概率大、有一定周期性、可测性差、可控性差的特点，农业的自然风险应当主要通过农业保险方式来解决。

农业保险是指保险机构根据农业保险合同，对被保险人在种植业、林业、畜牧业和渔业生产中因保险标的遭受约定的自然灾害、意外事故、疫病、疾病等保险事故所造成的财产损失，承担赔偿保险金责任的保险活动。保险机构包括保险公司以及依法设立的农业互助保险等保险组织。

政府推行农业保险试点，由财政对参保农户提供保费补贴，是我国继取消农业税、实施粮食直补、免收农村义务教育学杂费后又一项新的惠农措施。我国是农业大国，也是农业灾害十分频繁的国家，发展农业保险对于规避农业经营风险、增强农业防灾抗灾能力、建立健全农村金融服务体系、推进社会主义新农村建设都具有重要意义。

农民参加农业保险有以下好处：

（1）有利于减少灾害带来的损失，减少收入的波动。由于农业保险提供灾害损失补偿，农民可以尽快地恢复灾后农业生产，减轻灾害带来的损失。

（2）有利于灾害的预防和有效救助。农业保险实行“防赔结合”，通过保前检查、制定并落实防灾预案等一系列措施来减少灾害的发生。当灾害发生后，又通过一系列的措施来减少灾害所带来的损失。

（3）有利于保障农业投资安全。有了农业保险作为风险保障，农民可以放心地增加农业投入，扩大农业再生产，从而有利于增加农民收入。

（4）农业保险可以促进农村信贷的发展。有了农业保险的保障，银行更放心地贷款给农民进行农业投资，有利于缓解农民贷款难的矛盾。

（5）农业保险可帮助农民积极地试验新品种，有效地化解新品种试验过程中的风险，促进农村产业结构的调整。

农业保险是政策性保险。农业保险工作主要分为两大类，承保和理赔。

（一）如何参加农业保险

目前，已经开办的农业保险主要险种有：农产品保险，生猪保险，牲畜保险，奶牛保险，耕牛保险，山羊保险，养鱼保险，养鹿、养鸭、养鸡等保险，对虾、蚌珍珠等保险，家禽综合保险，水稻、油菜、蔬菜保险，稻麦场、森林火灾保险，烤烟种植、西瓜雹灾、香梨收获、小麦冻害、棉花种植、棉田地膜覆盖雹灾等保险，苹果、鸭梨、烤烟保险，等等。

农业保险可以由农民、农业生产经营组织自行投保，也可以由农业生产经营组织、村民委员会等单位组织农民投保。由农业生产经营组织、村民委员会等单位组织农民投保的，保险机构应当在订立农业保险合同时，制定投保清单，详细列明被保险人的投保信息，并由被保险人签字确认。保险机构应当将承保情况予以公示。

承保流程：

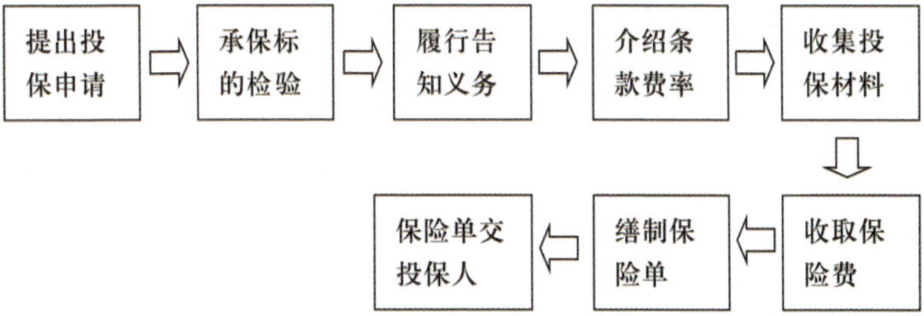

对参保农户来说，参加农业保险后，并不是万事大吉了，平时还是要精心管理，积极进行灾害预防。

这是因为：①农业保险并不是任何损失都赔偿，目前有的省份推行的农业保险采取的是一种低保障、低收费的原则，它保障的仅仅是生产成本的一部分，实际上被保险人在受灾后还是要承受一定的损失。②参保农户要获得正常的赔偿，也需要尽到一定的义务，即平时要认真做好田间管理，按照农技部门的要求做好病虫害预防；参加养殖业保险的农民朋友要在平时做好畜牧管理部门和保险公司的防疫、配种、妊娠等记录，建立健全和执行防疫、治疗的各项规章制度。保险的畜禽发病后要及时给予医治，做到早报告、早隔离、早治疗，不能弃之不管。在灾害来临前，要根据农技部门和保险公司的要求认真做好防灾防损工作，积极施救，降低灾害损失。如主动给大棚揭膜、积极喷施农药预防、加固猪栏鸡舍等。否则，保险公司将根据农户未尽义务致使损失发生或扩大的程度少赔甚至拒赔。

（二）如何申请农业保险理赔

一旦发生保险责任范围内的事故，参保农户可以通过保险公司24小时服务热线进行报案，也可以直接向保险公司委托的农业保险服务站或保险服务代理员报案，在保险公司查勘人员到达现场前尽可能保护现场不遭受破坏。若保险财产仍处于危险中，须立即进行施救以减少损失。保险公司查勘人员上门进行查勘定损后，参保农户先要在理赔人员的指导下认真填写出险及索赔通知书、损失确认清单等单证，说明事故发生的原因、经过和损失情况，并协助理赔人员到现场进行清点、定损。有时还需要向相关部门开具损失证明，比如生猪、鸡、鸭等的疫病死亡，需当地畜牧部门出具病因证明，并提供按时接种的证明资料。

需提交的索赔材料（以种养两业保险为例）：①出险通知书；②索赔申请书；③损失清单；④保单（正本）、批单、保险费发票复印件、个人身份证复印件；⑤出险原因证明（水产技术部门疫病认定报告、自然灾害气象证明、供电部门证明、疫病诊断报告、两病检测报告、扑杀令、移送单、接收单、称重单、农技部门出具的病虫害报告等证明材料）。

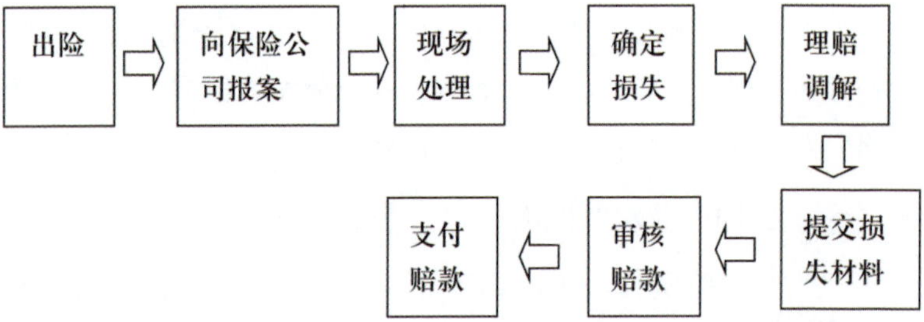

九、促进我国农村物流的发展

（一）农村物流的内涵与现状

农村物流是一个相对于城市物流的概念，它是指为农村居民的生产、生活以及其他经济活动提供运输、搬运、装卸、包装、加工、仓储及其相关的一切活动的总称。发展农村物流对农村经济发展意义重大。

当前农村物流存在的一些问题如下。

（1）农村经济发展总体水平低，农村物流发展缓慢。农村物流的发展水平受农村经济发展水平的影响很大。目前我国农村发展势头良好，农村税费改革使农民受益很大，但与城市相比，农村经济依然落后，农民收入低，农村市场相对城市市场发展滞后，这必然使农村物流供给及需求水平低，物流业发展缓慢。同时，农村物流发展缓慢还与广大农村地区物流意识差、物流知识薄弱、对物流重视不够有着直接关系。

（2）农产品具有易腐性、季节性，农村物流经营难度大。与工业品相比，农产品具有生物属性，容易腐烂变质。农产品是自然的产物，具有季节性和周期性。农产品的自然属性对其运输、包装、加工等提出了特殊的也是更高的要求，经营农产品物流风险较大。

（3）农村生产组织水平低，物流需求分散，物流供给能力不足。在我国，农业生产仍基本是以农户为单位，生产规模小，分工不细，收入有限，对物流需求不足且分散。而物流的供给需要在科学技术的推动下实现规模经济。无论是农村生产组织、流通组织，还是物流企业，都存在规模小、管理水平低、技术条件差等问题，制约了物流的供给水平。

（4）物流基础设施落后，物流技术装备落后，物流运作成本高。

物流的运输、包装、装卸搬运、流通加工、信息处理等每一项功能的实施，都与物流的基础设施和物流技术水平有关。农村道路状况差，物流运费就高；没有公共的信息平台，物流信息就难以处理和发挥作用；没有科学的冷藏设备，鲜活农产品就难以运输、加工等实现其价值；没有科学的工艺和技术，农产品就难以实现加工增值。

（5）物流政策不到位甚至空门，物流作业不规范，物流交易成本高。影响物流交易合约顺利形成和履行的因素很多，其中政策和信用是主要的。有的地方还是空白，这样物流作业就难以规范，物流需求者对物流企业缺乏信任，对物流外包的结果难以预期，因此物流合约难以达成。没有政策的支持，物流业也难以发展壮大以适应农村经济发展的需要。

（二）促进农村物流发展的措施

1. 完善农村交通物流网络

县（市）构建物流分拨中心作为农村物流的集散中枢，在乡镇利用邮政、供销等网点建设乡镇物流站作为农村物流的中间层节点，在较大行政村、供销超市、农资超市、农村集市等设物流网点作为农村物流的基层末梢。通过构建县（市）、乡、村三级农村物流网络节点，有效提高农村物流网络连通度和覆盖面。

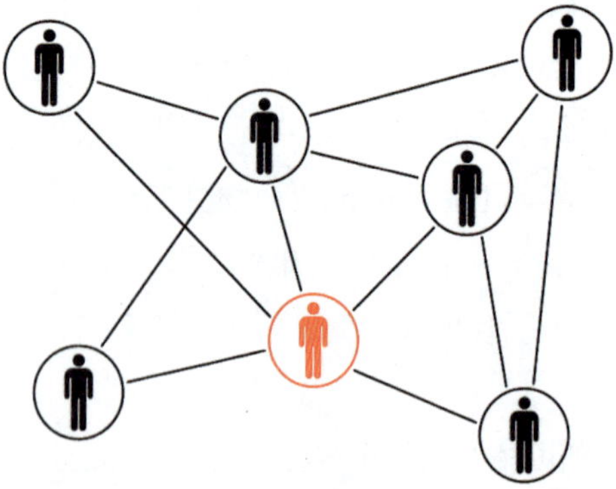

2. 加快培育农村物流市场主体

鼓励民间资本参与发展农村物流，鼓励有条件的农村专业合作社和农产品储运企业开展联合或合作，促进农村物流领域第三方物流企业的发展，提高市场在农村物流领域的资源优化配置作用。同时还要扶持一批农村物流龙头企业，发挥其规模大、功能全、技术先进、现代化程度高的优势，对农村物流发展起示范带动作用。

3. 打造农村物流电子商务平台

打造集数据交换、信息发布、智能配送、库存管理、决策分析等功能于一体的农村物流电子商务平台，运用现代物流管理的先进理念和模式，将加工、整理、仓储、运输、装卸、配送、信息处理等有机结合，实现从起点到终点整个农村物流领域相关信息有效联动，提供立体化、一体化、多功能的综合性农村物流公共服务。

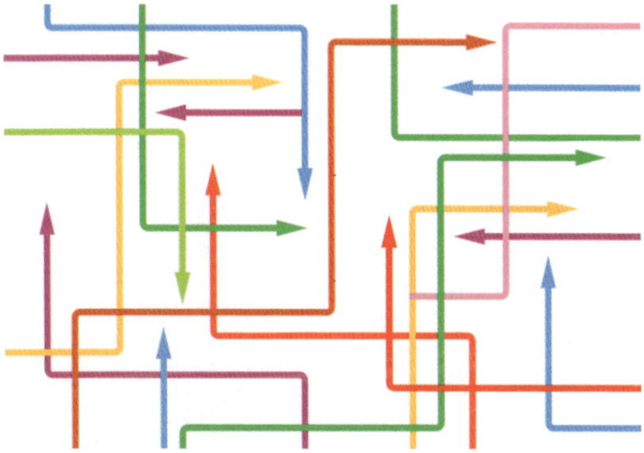

4. 规范农村物流服务环节

要保证农村物流健康发展，就需要对农村物流服务各个运作环节进行规范。这就需要制定出相应的服务规范和标准，包括建立经营公约、统一服务承诺、规范业务流程，甚至统一标识和车型等，从而对农村物流市场形成制度约束。

十、推进农村电商发展

促进新型农业经营主体、加工流通企业与电商企业全面对接融合，推动线上线下互动发展。加快建立健全适应农产品电商发展的标准体系。支持农产品电商平台和乡村电商服务站点建设。推动商贸、供销、邮政、电商互联互通，加强从村到乡镇的物流体系建设，实施快递下乡工程。深入实施电子商务进农村综合示范。鼓励地方规范发展电商产业园，聚集品牌推广、物流集散、人才培养、技术支持、质量安全等功能服务。全面实施信息进村入户工程，开展整省推进示范。完善全国农产品流通骨干网络，加快构建公益性农产品市场体系，加强农产品产地预冷等冷链物流基础设施网络建设，完善鲜活农产品直供直销体系。推进“互联网 +”现代农业行动。

第七章　创新农村社会治理 推动乡村全面振兴

推进目标

随着市场化、工业化、城镇化的快速推进，农村社会治理面临新挑战，必须坚持党政主导、农民主体、社会协同，围绕提高农村基层治理水平，加强乡镇服务型政府建设，发挥好基层党组织在农村各类经济、社会组织中的领导核心作用，完善村民自治组织民主制度，形成规范有序、充满活力的乡村治理机制。

理论依据

党的十九大指出要“提高保障和改善民生水平，加强和创新社会治理”，“打造共建共治共享的社会治理格局”。

实施举措

- 巩固和发展新型农村合作医疗制度的重要措施
- 加强和完善农村最低生活保障制度
- 深化医药卫生体制改革
- 优先发展农村教育事业
- 促进农村劳动力转移就业
- 繁荣农村文化
- 加快发展农村公益事业
- 提高农村防灾减灾能力
- 加强农业生态环境保护，推进绿色发展
- 加快推进农村人居环境整治
- 促进农村社会和谐稳定
- 乡村治理体系和治理能力现代化

一、巩固和发展新型农村合作医疗制度的重要措施

改革开放以来，我国医药卫生事业取得了显著成就，覆盖城乡的医药卫生服务体系基本形成，疾病防治能力不断增强，医疗保障覆盖人口逐步扩大，卫生科技水平迅速提高，人民群众健康水平明显改善，居民主要健康指标处于发展中国家前列。

1. 建设覆盖城乡居民的基本卫生保健制度

这是中央从我国基本国情出发，为构建社会主义和谐社会而作出的一项重大决策，对于保障广大人民群众的基本卫生保健权益，解决目前存在的突出问题，具有重要的现实意义和历史意义。

基本卫生保健制度，就是一种由政府组织，向全体居民提供安全、有效、方便、价廉的公共卫生和基本医疗服务的保障制度。这项制度的实质是加强公共卫生体系、农村卫生体系和城市社区卫生体系建设，并健全财政经费保障机制，完善公共卫生机构和城乡基层卫生机构的公共服务职能。这项制度以人人享有基本卫生保健为目标，以公共卫生机构、农村卫生机构和城市社区卫生机构为服务主体，采用适宜医疗技术和基本药物，由政府承担人员经费和业务经费。这项制度坚持预防为主，防治结合，注重公平和效率，有利于缩小群众的基本卫生保健服务差距。

2. 建设多层次的医疗保障制度

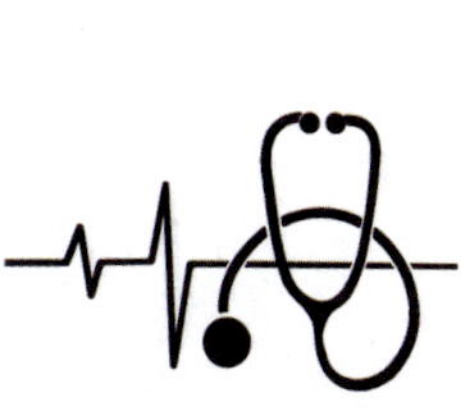

基本卫生保健制度的建立，可以为城乡居民提供基本卫生保健服务，但不能满足群众所有的医疗服务需求，居民患重病到医院治疗，还需要建立社会医疗保险制度，帮助群众抵御

经济风险。因此，必须完善统一的城乡居民基本医疗保险制度和大病保险制度，做好农民重特大疾病救助工作。巩固城乡居民医保全国异地就医联网直接结算。完善城乡居民基本养老保险制度，建立城乡居民基本养老保险待遇确定和基础养老金标准正常调整机制。

3. 建立国家基本药物制度

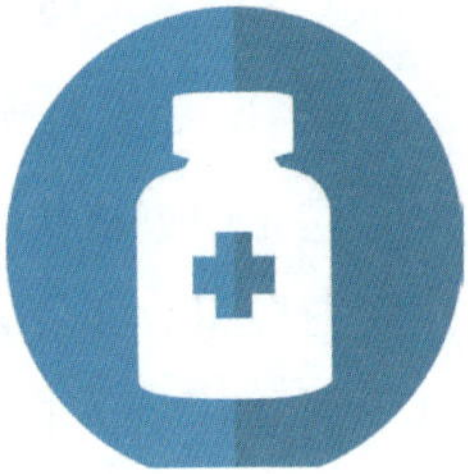

药品是维护人民健康的特殊产品和重要手段。药品的特殊属性决定了药品的生产、流通具有一定的社会公益性质，不能完全靠市场调节。政府应该加强对药品生产、采购、配送、使用等环节的监管。建立国家基本药物制度，整顿药品生产和流通秩序，保证群众基本用药。这是保证医疗质量、促进合理用药、减轻患者负担的重要措施。

4. 建立科学、规范的公立医院管理制度

要遵循政府主导、社会参与、转换机制、加强监管的原则，按照政事分开、管办分开、医药分开、营利性与非营利性分开的要求，深化医疗机构管理体制、运行机制、财政经费保障机制改革，推进医疗机构属地化和全行业管理，理顺医药卫生行政管理体制，强化公立医院的公共服务职能，纠正片面追求经济收益的倾向。实行“政事分开”和“管办分开”的根本目的，在于强化政府对医疗机构的监管责任，

主要措施是实行属地化全行业管理。对医疗机构不分投资渠道和隶属关系，由属地政府明确有关部门监管职责，实行各负其责、密切配合、形成合力、共同监管的机制。“医药分开”的实质是改革医院“以药补医”机制，逐步取消药品加成政策，政府财政对医院给予相应经费补贴，并实行药品收支两条线管理，切断药品收入与医院的经济联系。

二、深化医药卫生体制改革，促进农村医疗卫生事业发展

医药卫生体制改革将以农村为重点，积极探索政事分开、管办分开、医药分开、营利性和非营利性分开，努力建立协调统一的医药卫生管理体制、高效规范的医药卫生机构运行机制、政府主导的多元卫生投入机制、科学合理的医药价格形成机制、严格有效的医药卫生监管体制、可持续发展的医药卫生科技创新机制和人才保障机制，建立健全医药卫生法律制度。

1. 切实加强领导

各级政府要充分认识深化医药卫生体制改革的重大意义，切实加强组织领导，把解决群众看病就医问题作为改善民生的重点摆上重要议事日程，落实政府的公共医疗卫生责任。国务院有关部门要认真履行职责，密切配合，形成合力。地方政府要按照《关于深化医药卫生体制改革的意见（征求意见稿）》的要求，结合实际情况，因地制宜地制订具体实施方案和有效措施，精心组织，有序推进，确保改革成果惠及全体人民群众。

2. 突出重点，加大对农村医疗卫生事业的投入

（1）各级人民政府要逐年增加卫生投入，增长幅度不低于同期

财政经常性支出的增长幅度。投资的重点向中心卫生院和西部边远乡村倾斜。

（2）要解决乡镇卫生医疗机构包袱过重问题，把握好国家政策，增加一部分在岗职工的工资，研究解决医疗机构职工新型合作医疗，为他们解除后顾之忧，使他们安心基层工作。

（3）要探索多元化投入的路子，动员、鼓励、支持各类社会资本和投资主体参与农村医疗卫生服务体系建设。

3. 多措并举，提高农村医疗队伍整体素质

（1）要大力加强在岗人员临床进修及在职培训。既要考虑到在职人员面上的普遍轮训、不断更新知识，解决知识老化问题，又要重点选拔技术苗子和业务骨干到上级医疗单位进行有针对性的实用技术培训，为农村培养一些永久性、实用性的卫生专业技术人才。

（2）要继续扎实开展县级医疗机构和乡镇卫生医疗机构合作活动，在原有协作医院的基础上，进一步扩大协作医院的数量。

（3）要研究制定县级医疗卫生机构的相关人员定期轮换到农村工作的具体办法，大胆提拔具有一定学历和业务水平的青年医务工作者，让其在乡镇医疗卫生机构主要岗位上接受锻炼。

（4）要充分利用国家出台的相关政策，研究制定吸纳大、中专毕业生的相关政策措施。

4. 推进农村公共卫生服务体制建设

加强慢性病综合防控，大力推进农村地区精神卫生、职业病和重大传染病防治。完善基本公共卫生服务项目补助政策，加强基层医疗

卫生服务体系建设，支持乡镇卫生院和村卫生室改善条件。加强乡村中医药服务。开展和规范家庭医生签约服务，加强妇幼、老人、残疾人等重点人群健康服务。倡导优生优育。深入开展乡村爱国卫生运动。

5. 做好医药卫生舆论宣传工作

深化医药卫生体制改革直接关系广大群众的切身利益，是一项重大的民生工程，需要社会各界和广大群众的理解、支持和参与。要坚持正确的舆论导向，加强对深化医药卫生体制改革的重大意义、指导思想、基本原则和主要政策的宣传，总结推广好的试点经验，使这项惠及广大人民群众的重大改革深入人心，为深化改革营造良好的舆论环境。

6. 建立科学合理的医药价格形成机制

完善政府调控与市场调节相结合、客观反映市场供求情况和生产服务成本变化的医疗服务和药品价格形成机制。首先，规范医疗服务价格管理。其次，改革药品价格形成机制。再次，积极探索建立新型合作医疗经办机构与医疗机构、药品供应商的谈判机制，发挥医疗保障对医疗服务和药品费用的制约作用。

7. 建立健全医药卫生法律制度

进一步加强医药卫生立法工作，逐步建立健全与基本医疗卫生制度相适应、比较完整的卫生法律制度，完善卫生法律法规，严格执法，规范执法，切实提高各级政府运用法律手段发展和管理医药卫生事业的能力。

三、加强和完善农村最低生活保障制度

确保农村最低生活保障制度的顺利实施，是解决农村贫困人口温饱问题的重要举措，也是建立覆盖城乡的社会保障体系的重要内容。

做好这一工作，对于促进农村改革发展，逐步缩小城乡差距，维护社会公平具有重要意义。

1. 完善和规范农村最低生活保障体系

农村最低生活保障的管理既要严格规范，又要从农村实际出发，采取简便易行的方法。

（1）申请农村最低生活保障：

一般由户主本人向户籍所在地的乡（镇）人民政府提出申请；村民委员会受乡（镇）人民政府委托，也可受理申请。受乡（镇）人民政府委托，在村党组织的领导下，村民委员会对申请人开展家庭经济状况调查、组织村民会议或村民代表会议民主评议后提出初步意见，报乡（镇）人民政府；乡（镇）人民政府审核后，报县级人民政府民政部门审批。

（2）村民委员会、乡（镇）人民政府以及县级人民政府民政部门要及时向社会公布有关信息，接受群众监督。

（3）最低生活保障金原则上按照申请人家庭年人均纯收入与保障标准的差额发放，也可以在核查申请人家庭收入的基础上，按照其家庭的困难程度和类别，分档发放。

（4）乡（镇）人民政府和县级人民政府民政部门要采取多种形式，定期或不定期调查了解农村困难群众的生活状况，及时将符合条件的困难群众纳入保障范围；并根据其家庭经济状况的变化，及时按程序办理停发、减发或增发最低生活保障金的手续。保障对象和补助水平变动情况都要及时向社会公示。

2. 落实农村最低生活保障资金

农村最低生活保障资金的筹集以地方为主，地方各级人民政府要将农村最低生活保障资金列入财政预算，省级人民政府要加大投入。地方各级人民政府及其相关部门要统筹考虑农村各项社会救助制度，合理安排农村最低生活保障资金，提高资金使用效益。同时，鼓励和引导社会力量为农村最低生活保障提供捐赠和资助。农村最低生活保障资金实行专项管理，专账核算，专款专用，严禁挤占挪用。

3. 加强领导，确保农村最低生活保障制度的顺利实施

在全国建立农村最低生活保障制度，是一项重大而又复杂的系统性工作。地方各级人民政府要高度重视，将其纳入政府工作的重要议事日程，加强领导，明确责任，统筹协调，抓好落实。

4. 建立健全失地农民的生活保障制度

建立健全失地农民的生活保障制度，以变土地征用制度为购买制度为基础，创建农民土地产权专项市场管理交易制度，通过公平、公开、公正的产权市场交易，既从源头上扼制住滥占耕地、低价调拨农民土地之风，又有效地保护农民土地产权等权益。建立失地农民社会保障基金，主要承担退休养老、医疗门诊、最低生活保障、义务教育的配套投资等支出。

5. 加强农村社会保障制度的立法工作

社会保障的性质在于它的政府强制性和非营利性，它体现的是社会成员在政府保障下的平等保障权利。农村社会保障制度立法应从以下几个方面有所作为：一是在立法中要体现“低水平、广覆盖、多层次、共负担”的基本方针。二是立法保护本身要做到实体和程序并重；三是立法本身要追求科学性。农民社会保障权保护的立法一定要具有可操作性，不能只作一些原则性的应然规定。四是尽快形成一个完整、统一、科学的农民社会保障权的立法保护体系。

四、优先发展农村教育事业

高度重视发展农村义务教育，推动建立以城带乡、整体推进、城乡一体、均衡发展的义务教育发展机制。全面改善薄弱学校基本办学

条件，加强寄宿制学校建设。实施农村义务教育学生营养改善计划。发展农村学前教育。推进农村普及高中阶段教育，支持教育基础薄弱县普通高中建设，加强职业教育，逐步分类推进中等职业教育免除学杂费。健全学生资助制度，使绝大多数农村新增劳动力接受高中阶段教育、更多接受高等教育。把农村需要的人群纳入特殊教育体系。以市县为单位，推动优质学校辐射农村薄弱学校常态化。统筹配置城乡师资，并向乡村倾斜，建好建强乡村教师队伍。

五、促进农村劳动力转移就业和农民增收

健全覆盖城乡的公共就业服务体系，大规模开展职业技能培训，促进农民工多渠道转移就业，提高就业质量。深化户籍制度改革，促进有条件、有意愿、在城镇有稳定就业和住所的农业转移人口在城镇有序落户，依法平等享受城镇公共服务。加强扶持引导服务，实施乡村就业创业促进行动，大力发展文化、科技、旅游、生态等乡村特色产业，振兴传统工艺。培育一批家庭工场、手工作坊、乡村车间，鼓励在乡村地区兴办环境友好型企业，实现乡村经济多元化，提供更多就业岗位。拓宽农民增收渠道，鼓励农民勤劳守法致富，增加农村低收入者收入，扩大农村中等收入群体，保持农村居民收入增速快于城镇居民。

六、加快发展农村公益事业的对策

加快农村公益事业发展，是贯彻习近平新时代中国特色社会主义思想的要求，也是推进农村改革发展的重要内容，农村公益事业停滞不前，必然会影响乡村全面振兴的推进。

在新时代，发展农村公益事业要把着力点放在解决资金投入匮乏和管理主体缺位问题上。一方面，要改革农村公共产品和公益事业投资体制，积极探索发展农村公益事业的新机制，多渠道筹措农村公益事业发展资金。另一方面，要结合乡镇综合配套改革，建立农村公益事业管理机构，加强对发展农村公益事业的组织、协调和领导。

1. 构建城乡统一的公共财政体系，使财政逐步成为农村公益事业发展的投入主体

长期以来，我国形成了“城市公益事业政府办，农村公益事业农民办”的不合理局面，公共财政对农村公益事业的发展没有担负起应有的责任。必须构建起城乡统一的公共财政体系，并加大对农村公益事业发展的支持力度。要将城乡公益事业发展资金统一纳入财政预算。近期要以建立农村公共财政体系为重点目标，并按照建立公共财政体制和现代税制的要求，逐步统一城乡税制，以税惠农；各级财政要建立农村公益事业发展资金预算制度；深化财政体制改革，合理划分各级政府的事权和财权，调整国民收入分配结构，加大公共财政对农村公益事业的投入比重，并建立规范的转移支付制度，逐步向农村倾斜，使公共财政成为农村公益事业发展的主要投入主体。

2. 规范“一事一议”筹资筹劳制度，农民合理承担发展农村公益事业所需的部分费用

农村公益事业是直接为农民服务的，在国家不可能包办农村公益事业的情况下，农民为此承担一部分费用合情合理，但由于当前农民负担过重仍是主要矛盾，必须严格按“一事一议”筹资筹劳制度办事，以在确保农民减负目标实现的同时能发展一些急需的公益事业。当然，“一事一议”筹资筹劳制度也存在进一步规范、完善和发展的问题。

3. 加快县乡综合配套改革步伐，大力培育农村公益事业发展主体

由于种种原因，农民个体现已取代政府和集体成为农村公益事业的主要发展主体，这对农民是不公平的。要通过县乡综合配套改革，逐步使政府和集体重新成为农村公益事业的主要发展主体。在改革中，要特别注意不能忽视、削弱政府部门发展农村公益事业的职能，不仅如此，还应加强这一职能。财政要按照由以钱养人改为以钱养事的原则，加强支持农村公益事业发展的职能。同时，要积极培育新形势下农村公益事业新的发展主体，充分发挥中介组织和民间力量在发展农村公益事业中的作用。

4. 建立发展农村公益事业多渠道资金投入机制，捆绑集中使用各种资金

加快农村公益事业的发展，要依靠多方筹措资金，建立多渠道资金投入机制。筹措资金的渠道主要有：部分国家支农政策资金；一定比例的国债资金；“一事一议”制所筹资金和义工；各级财政建立农村公益事业发展基金；国有资本退出的部分收入和乡镇配套改革后从事业单位中退出的部分资金；农村机动地承包、基础设施产权拍卖等的全部收益和土地征用补偿的部分费用；积极向国内外慈善机构、社会组织和个人推荐农村公益事业项目所募集的资金；一定比例的村级集体收入。

七、繁荣农村文化，提高乡村社会文明程度

乡村振兴，乡风文明是保障。必须坚持物质文明和精神文明一起抓，提升农民精神风貌，培育文明乡风、良好家风、淳朴民风，不断提高乡村社会文明程度。

1. 加强农村思想道德建设

以社会主义核心价值观为引领，坚持教育引导、实践养成、制度保障三管齐下，采取符合农村特点的有效方式，深化中国特色社会主义和中国梦宣传教育，大力弘扬民族精神和时代精神。加强爱国主义、集体主义、社会主义教育，深化民族团结进步教育，加强农村思想文化阵地建设。深入实施公民道德建设工程，挖掘农村传统道德教育资源，推进社会公德、职业道德、家庭美德、个人品德建设。推进诚信建设，强化农民的社会责任意识、规则意识、集体意识、主人翁意识。

2. 传承农村优秀传统文化，文化促文明

立足乡村文明，吸取城市文明及外来文化优秀成果，在保护传承的基础上，创造性转化、创新性发展，不断赋予时代内涵、丰富表现形式。切实保护好优秀农耕文化遗产，推动优秀农耕文化遗产合理适度利用。深入挖掘农耕文化蕴含的优秀思想观念、人文精神、道德规

范，充分发挥其在凝聚人心、教化群众、淳化民风中的重要作用。划定乡村建设的历史文化保护线，保护好文物古迹、传统村落、民族村寨、传统建筑、农业遗迹、灌溉工程遗产。支持农村地区优秀戏曲曲艺、少数民族文化、民间文化等传承发展。

3. 加强农村公共文化建设

按照有标准、有网络、有内容、有人才的要求，健全乡村公共文化服务体系。发挥县级公共文化机构辐射作用，推进基层综合性文化服务中心建设，实现乡、村两级公共文化服务全覆盖，提升服务效能。深入推进文化惠民，公共文化资源要重点向乡村倾斜，提供更多更好的农村公共文化产品和服务。支持“三农”题材文艺创作生产，鼓励文艺工作者不断推出反映农民生产生活尤其是乡村振兴实践的优秀文艺作品，充分展示新时代农村农民的精神面貌。培育挖掘乡土文化本土人才，开展文化结对帮扶，引导社会各界人士投身乡村文化建设。活跃繁荣农村文化市场，丰富农村文化业态，加强农村文化市场监管。

4. 开展移风易俗行动

广泛开展文明村镇、星级文明户、文明家庭等群众性精神文明创建活动。遏制大操大办、厚葬薄养、人情攀比等陈规陋习。加强无神论宣传教育，丰富农民群众精神文化生活，抵制封建迷信活动。深化农村殡葬改革。加强农村科普工作，提高农民科学文化素养。

八、提高农村防灾减灾能力的措施

经济社会正确的发展道路都必须是尊重和适应自然规律，保护和改善自然环境，并利用不断进步的现代科学知识和技术力量，以及日益完善的社会制度，抗御自然灾害风险。解决

农业与农村防御和减轻自然灾害影响的努力也应当是多方面的。

1. 必须把农村防御和减轻自然灾害作为各级政府农村公共事业建设的重要内容

各级政府要从城乡协调发展、促进农村长期繁荣和稳定的高度，深刻认识加快农村防灾减灾能力建设的重大意义，下大力气解决农村在防御和减轻自然灾害上存在的信息不畅、基础不牢、效率不高等薄弱环节。要按照统一领导、分级管理、以城带乡、以村为基本单位的思路，加快建立县、乡、村突发自然灾害应急组织体系，重点加强村级组织防灾减灾能力建设，每个村都要指定一名有一定科技水平的专门人员负责灾害警报接收和传递。在自然灾害频发且影响较为严重的地区，要积极组织重大灾害应急演练。全国各县级政府要充分发挥其在农村防御和减轻自然灾害上的基础作用，切实承担起各县灾害防御规划、灾害监测预报预警、救灾抗灾等重要任务。

2. 建设环保防灾型农村社区

农村防灾减灾工作是一个需要重视的可持续发展问题。随着我国人口的增加和农村发展，农村环境的负荷将进一步增加，这给生态环境保护带来了更多的问题。为此，要在农村工作中切实贯彻新发展理念，不能为短期发展而牺牲长远利益，而是要给子孙后代留下可以生存的环境。加快推进全面推进乡村振兴，一定要从开始就重视科学技术和科学观念的应用。科学技术在农村自然灾害防御中的普及和推广，一方面，要依赖于政府的防灾减灾政策，另一方面，也应当将防灾减灾与农业生产、农村规划和社区建设结合起来，使防灾减灾工作成为农村工作一个重要部分。

具体做法：

（1）建立健全各项规章制度，提高工作时效。

①完善应急预案，把加强应急救援队伍建设放在更加突出位置，

充分发挥机关干部、村（社区）干部等人员作用。

②修订地震应急救援工作制度，进一步将职责明确、责任细化。

③筹备并开展应急演练，制定应急预案专项演练方案，通过实际演练进一步熟悉掌握应急预案的方法、步骤，明确应急小分队各成员在应急行动中的职责，达到召之即来、来之能战、战之能胜的效果。

（2）强化防灾减灾宣传教育，提高防灾减灾知识普及率。充分利用广播、标语、公开栏、宣传单等形式，积极组织开展形式多样的防灾减灾宣传教育活动，加强知识普及的力度、广度和深度，加强自救互救能力教育，做到家喻户晓、人人皆知。同时，组织开展好防灾减灾应急演练知识讲座，加强对在校师生的培训教育，增强广大师生的防震安全意识和自救能力。

（3）开展防灾减灾科普示范村（社区）创建工作。继续开展防灾减灾科普示范村（社区）创建工作，切实加强组织领导，明确创建责任，通过开展各种形式多样的活动，丰富创建内容，完善创建措施，把任务分解到具体单位、具体责任人，推动创建活动顺利开展。防灾减灾科普示范村（社区）创建工作要把宣传教育、应急演练作为重点，做到防灾减灾工作时时讲、处处抓，确保一旦发生突发事件能有效应对。

（4）完善信息发布机制。畅通信息纵向和横向渠道，提高信息的收集、整理、报送、处理能力。完善信息发布制度，健全信息发布体系，及时、准确、全面地向公众发布信息。加强正面宣传和舆论引导，建立谣言应对处置机制，及时澄清不实报道和传闻，维护社会稳定。

（5）加大对重点工程和基础设施的安全检查与改造力度。加固水库、堤坝等水利工程设施，清除水利设施在灾后可能产生的次生灾害，依法加强对易燃、易爆、易泄漏化学危险品贮存场所和电力、供水、排水、燃气、供油等重点工程的检查和性能监督，对不符合标准的要及时加固，确保重要基础设施安全。

（6）建设好临时避难场所。根据各地实际情况在城区设置长期避难场所，设置文化广场、体育中心、学校等为临时避难场所。设定紧急撤退线路，并在村（社区）公开栏上公示，以便让每一名群众知晓。

3. 加强农村灾害防御规划、农民防灾减灾宣传和科学技术知识普及

符合自然规律的乡村规划和建设是防御和减轻自然灾害的基本前提。各级政府要从促进人与自然和谐共生以及从源头上遏制自然灾害对农村影响的高度出发，加强乡村建设规划的自然环境论证和灾害风险评估，合理安排农村各项建设布局，保持良好的生态环境，避免对自然环境的人为破坏，减轻各类灾害对农村正常经济和社会生活的影响。要针对农民整体防灾减灾意识不强、应用科学和技术防御及减轻自然灾害能力不足等客观实际，加强各类自然灾害防御知识的宣传、教育，不仅要把预报预警信息及时地告诉老百姓，也要把如何趋利避害的科学措施全面地告诉老百姓。在突发性自然灾害来临时，使农民及时掌握预报预警信息，正确运用防灾减灾知识，不再恐慌，不再被动，最大限度地保护生命财产安全。

4. 加强自然灾害研究和防灾技术应用

对灾害形成、发生和发展的时空分布规律，灾害—环境—人类相互作用，灾害—经济—社会综合减灾防灾框架，灾害监测和预测研究等基础理论的研究是一项长期而艰巨的任务，应进一步增加重大项目的设置，集中力量攻克科学难关；积极推进防治重大灾害的应用科学和高新技术研究，同时，健全减灾科技成果的转化和应用制度，推动实用科学技术，如卫星遥感、地理信息系统、全球定位系统等高新技术在减灾领域中的广泛应用，以及加强对重大灾害的监测和预警，提高灾害信息采集和快速处理水平，做好灾害评估工作，建立减灾信息的共享和实时处理系统。通过这些系统性的重大攻关项目，争取在灾

害预测、预警、预防能力方面取得较大的进展。

5. 必须扩大各类自然灾害监测预报的覆盖面，提高农村预报预警服务的精细化水平

国家应当加大对自然灾害频发地区防御和减轻自然灾害能力建设的投资力度。要针对我国农村地域辽阔、自然环境复杂多变，监测站点稀少等制约农村地区自然灾害预报预警能力的客观实际，进一步完善各类灾害自动化监测系统，加快填补乡村气象、水文、地质、地震等要素监测的空白，力争用5年左右的时间建成覆盖90%以上农村地区的乡镇各类自然灾害观测网站。要加强中小尺度强对流天气监测和预报，切实增强山洪、滑坡、泥石流、雷电、龙卷风等易导致伤亡的自然灾害预报预警能力，细化预报预警地域，延长预报预警时效。

九、推进乡村绿色发展，打造人与自然和谐共生发展新格局

乡村振兴，生态宜居是关键。良好生态环境是农村最大优势和宝贵财富。必须尊重自然、顺应自然、保护自然，推动乡村自然资本加快增值，实现百姓富、生态美的统一。

1. 统筹山水林田湖草系统治理

把山水林田湖草作为一个生命共同体，进行统一保护、统一修复。实施重要生态系统保护和修复工程。健全耕地草原森林河流湖泊休养生息制度，分类有序退出超载的边际产能。扩大耕地轮作休耕制度试点。科学划定江河湖海限捕、禁捕区域，健全水生生态保护修复制度。实行水资

源消耗总量和强度双控行动。开展河湖水系连通和农村河塘清淤整治，全面推行河长制、湖长制。加大农业水价综合改革工作力度。开展国土绿化行动，推进荒漠化、石漠化、水土流失综合治理。强化湿地保护和恢复，继续开展退耕还湿。完善天然林保护制度，把所有天然林都纳入保护范围。扩大退耕还林还草、退牧还草，建立成果巩固长效机制。继续实施三北防护林体系建设等林业重点工程，实施森林质量精准提升工程。继续实施草原生态保护补助奖励政策。实施生物多样性保护重大工程，有效防范外来生物入侵。

2. 加强农村突出环境问题综合治理

加强农业面源污染防治，开展农业绿色发展行动，实现投入品减量化、生产清洁化、废弃物资源化、产业模式生态化。推进有机肥替代化肥、畜禽粪污处理、农作物秸秆综合利用、废弃农膜回收、病虫害绿色防控。加强农村水环境治理和农村饮用水水源保护，实施农村生态清洁小流域建设。扩大华北地下水超采区综合治理范围。推进重金属污染耕地防控和修复，开展土壤污染治理与修复技术应用试点，加大东北黑土地保护力度。实施流域环境和近岸海域综合治理。严禁工业和城镇污染向农业农村转移。加强农村环境监管能力建设，落实县乡两级农村环境保护主体责任。

3. 建立市场化多元化生态补偿机制

落实农业功能区制度，加大重点生态功能区转移支付力度，完善生态保护成效与资金分配挂钩的激励约束机制。鼓励地方在重点生态区位推行商品林赎买制度。健全地区间、流域上下游之间横向生态保护补偿机制，探索建立生态产品购买、森林碳汇等市场化补偿制度。建立长江流域重点水域禁捕补偿制度。推行生态建设和保护以工代赈做法，提供更多生态公益岗位。

4. 增加农业生态产品和服务供给

正确处理开发与保护的关系，运用现代科技和管理手段，将乡村生态优势转化为发展生态经济的优势，提供更多更好的绿色生态产品和服务，促进生态和经济良性循环。加快发展森林草原旅游、河湖湿地观光、冰雪海上运动、野生动物驯养观赏等产业，积极开发观光农业、游憩休闲、健康养生、生态教育等服务。创建一批特色生态旅游示范村镇和精品线路，打造绿色生态环保的乡村生态旅游产业链。

十、持续改善农村人居环境

实施农村人居环境整治三年行动计划，以农村垃圾、污水治理和村容村貌提升为主攻方向，整合各种资源，强化各种举措，稳步有序推进农村人居环境突出问题治理。坚持不懈推进农村“厕所革命”，大力开展农村户用卫生厕所建设和改造，同步实施粪污治理，加快实现农村无害化卫生厕所全覆盖，努力补齐影响农民群众生活品质的短板。总结推广适用不同地区的农村污水治理模式，加强技术支撑和指导。深入推进农村环境综合整治。推进北方地区农村散煤替代，有条件的地方有序推进煤改气、煤改电和新能源利用。逐步建立农村低收入群体安全住房保障机制。强化新建农房规划管控，加强“空心村”服务管理和改造。保护保留乡村风貌，开展田园建筑示范，培养乡村传统建筑名匠。实施乡村绿化行动，全面保护古树名木。持续推进宜居宜业的美丽乡村建设。

爱国卫生“七个专项行动”

1. 裸露垃圾全消除行动

县城建成区、集镇镇区、旅游景区、交通沿线、河道沿线、村庄沿线、村庄庭院内外等无裸露垃圾（包括：生活垃圾、建筑垃圾、乱堆乱放、污水排放、垃圾收集），建筑垃圾规范处理。（三区三线一院消）

2. 公共厕所全达标行动

城市公厕、集镇公厕、景区公厕、广场公园公厕、客运站、火车站、高铁站公厕、加油站公厕、农贸市场公厕、商场超市公厕和其余公共场所公厕达到“三无三有”（无粪便、无臭味、地面无水渍）标准；县城建成区学校公厕、医疗卫生机构公厕达到“三无三有”标准，其余学校、医疗卫生机构公厕达到“四净三无两通一明”（地面净、墙面净、厕位净、周边净、无溢流、无蚊蝇、无臭味、水通、电通、灯明）标准；行政村（自然村）公厕达到“三净两无一明”（地面净、墙壁净、厕位净、地面无粪污、

无蝇蛆、灯明）标准，全面做到辖区无旱厕。（市镇景商贸油站学医公厕“三无三有”全达标，村庄公厕“321”要做好，全面无旱厕）

3. 洗手设施全配套行动

学校、医疗机构、公园广场、农（集）贸市场、旅游景区、客运站、火车站、高铁站、高速公路服务区、加油站、室内公共场所、单位等成组成对建设“9 有 3 无 2 必须”洗手设施（有免接触式水龙头、有洗手池、有洗手液、有洗手台标识、有节约用水标识、有 7 步洗手法、有“7 个专项行”动宣传内容、有分类垃圾桶、有人管理、有条件的提供干手纸或干手器，台面无垢、无灰尘、无积水，用水必须是市政自来水、必须接入市政排污管网），确保数量足够、质量达标、管理到位、使用方便。（洗手设施“9 有 3 无 2 必须”）

4. 餐饮服务环境卫生全改善行动

餐饮服务单位实现经营主体资格合法，餐饮用具、经营场所全消毒，证照、人员健康证、量化分级和食品安全管理制度显著位置公示，周边环境、就餐场所、加工后厨、餐饮用具干净，三防设施、明厨亮灶设施、公勺公筷配备、文明用餐宣传、洗手设备齐全，食材采购、卫生间设置、后厨管理、食品储存、人员管理、食品配送规范，周边环境整洁、就餐场所干净、后厨合规达标、仓储整齐安全、餐饮用具洁净、从业人员健康、配送过程规范达标，确保群众餐饮消费放心、安心、舒心。（餐

饮服务单位一合法、二消毒、三公示、四干净、五齐全、六规范、七达标）

5. 公共场所清洁消毒全覆盖行动

所有公共场所证照齐全，疫情防控措施、清洁干净、日常消毒、消毒记录、检测公示全落实；医疗机构、学校、旅游景区、文化娱乐场所（影剧院、网吧、书城等）、体育场所、商场超市、客运站、火车站、高铁站、高速公路服务区、公共交通工具、三星级以上宾馆等场所消毒全达标，打造卫生安全、公众放心的公共场所，严防传染性疾病在公共场所传播。（公共场所消毒一齐全、五落实、十二达标）

6. 农贸市场环境卫生全提升行动

农贸市场管理做到证照悬挂整齐成一线、商品摆放成一线、牌匾设置成一线；做到地面干净无垃圾和积水、摊台及立面整洁无污物、摊内面整齐无乱堆、铺面清洁无出店、墙面清洁无乱张贴；显著位置设立公示栏，栏内管理制度、健康知识宣传、平面布局图、农残检测、红黑板等齐全，出入口设立车闸，设置公平秤，周边车辆停放有序，洗手设施达标落实，实现净化、美化、规范化、精细化、标准化“五化”目标。（市场达到三线、五面、一栏、一闸、一秤、一规范、一设施）

7. 健康文明生活方式全参与行动

每月组织开展10日、20日爱国卫生大扫除活动；有“社交距离、勤于洗手、分餐公筷、革除陋习、科学健身、控烟限酒”健康文明生活“六条新风尚”宣传内容，开展工间操，有禁烟标识，有健康教育宣传栏并定期更换。（全民参与二扫、六新、一操、一禁、一栏）

十一、采取有效措施促进农村社会和谐稳定

当前，我国许多农村社会矛盾和社会问题，已经明显地集中到与人民群众基本民生问题密切相关的各个环节。这对各级党委和政府统筹协调各种利益关系、有效化解农村各种社会矛盾的能力提出了更高要求。要统筹协调农村改革发展中各方面利益关系，妥善处理社会矛盾。

（1）必须坚持以人为本，始终把最广大农民的根本利益作为党和国家一切工作出发点和落脚点，严格遵循发展为了人民、发展依靠人民、发展成果由人民共享的原则，建立健全科学有效的利益协调机制、诉求表达机制、矛盾调处机制和权益保障机制，积极化解各种矛盾纠纷。

（2）进一步拓宽社情民意表达渠道，通过各种途径、方法，将拟制定的社会政策向群众公开，使广大农民对于同自身利益密切相关的社会政策设计有着充分而广泛的民意表达，确保涉农社会政策的有效性、合理性和科学性。

（3）健全农村社会舆情汇集和分析机制，完善矛盾纠纷排查调处工作制度，建立党和政府主导的维护群众权益机制，实现人民调解、行政调解、司法调解有机结合，更多采用调解方法，综合运用法律、政策、经济、行政等手段和教育、协商、疏导等办法，把矛盾化解在基层、解决在萌芽状态。

（4）提升乡村德治水平。深入挖掘乡村熟人社会蕴含的道德规范，结合时代要求进行创新，强化道德教化作用，引导农民向上向善、孝老爱亲、重义守信、勤俭持家。建立道德激励约束机制，引导农民自我管理、自我教育、自我服务、自我提高，实现家庭和睦、邻里和谐、干群融洽。广泛开展好媳妇、好儿女、好公婆等评选表彰活动，开展寻找最美乡村教师、医生、村干部、家庭等活动。深入宣传道德模范、身边好人的典型事迹，弘扬真善美，传播正能量。

（5）加强平安乡村建设。健全落实社会治安综合治理领导责任制，大力推进农村社会治安防控体系建设，推动社会治安防控力量下沉。深入开展扫黑除恶专项斗争，严厉打击农村黑恶势力、宗族恶势力，严厉打击黄赌毒盗拐骗等违法犯罪。依法加大对农村非法宗教活动和境外渗透活动打击力度，依法制止利用宗教干预农村公共事务，继续整治农村乱建庙宇、滥塑宗教造像。完善县、乡、村三级综治中心功能和运行机制。健全农村公共安全体系，持续开展农村安全隐患治理。加强农村警务、消防、安全生产工作，坚决遏制重特大安全事故。探索以网格化管理为抓手、以现代信息技术为支撑，实现基层服务和管理精细化精准化。推进农村“雪亮工程”建设。

十二、加快推进乡村治理体系和治理能力现代化

1. 乡村振兴，治理有效是基础

必须把夯实基层基础作为固本之策，建立健全党委领导、政府负责、社会协同、公众参与、法治保障的现代乡村社会治理体制，坚持自治、法治、德治相结合，确保乡村社会充满活力、和谐有序。

2. 加强农村基层党组织建设

扎实推进抓党建促乡村振兴，突出政治功能，提升组织力，抓乡促村，把农村基层党组织建成坚强战斗堡垒。强化农村基层党组织领导核心地位，创新组织设置和活动方式，持续整顿软弱涣散村党组织，稳妥有序开展不合格党员处置工作，着力引导农村党员发挥先锋模范作用。建立选派第一书记工作长效机制，全部面向脱贫村、软弱涣散村和集体经济薄弱村党组织派出第一书记。实施农村带头人队伍整体优化提升行动，注重吸引高校毕业生、农民工、机关企事业单位优秀党员干部到村任职，选优配强村党组织书记。健全从优秀村党组织书记中选拔乡镇领导干部、考录乡镇机关公务员、招聘乡镇事业编制人员制度。加大在优秀青年农民中发展党员力度。建立农村党员定期培训制度。全面落实村级组织运转经费保障政策。推行村级小微权力清单制度，加大基层小微权力腐败惩处力度。严厉整治惠农补贴、集体资产管理、土地征收等领域侵害农民利益的不正之风和腐败问题。

3. 深化村民自治实践

坚持自治为基，加强农村群众性自治组织建设，健全和创新村党组织领导充满活力的村民自治机制。推动村党组织书记通过选举担任村委会主任。发挥自治章程、村规民约的积极作用。全面建立健全村务监督委员会，推行村级事务阳光工程。依托村民会议、村民代表会议、村民议事会、村民理事会、村民监事会等，形成民事民议、民事民办、民事民管的多层次基层协商格局。积极发挥新乡贤作用。推动乡村治理重心下移，尽可能把资源、服务、管理下放到基层。继续开展以村民小组或自然村为基本单元的村民自治试点工作。加强农村社区治理创新。创新基层管理体制机制，整合优化公共服务和行政审批职责，打造“一门式办理”“一站式服务”的综合服务平台。在村庄普遍建立网上服务站点，逐步形成完善的乡村便民服务体系。大力培育服务性、公益性、互助性农村社会组织，积极发展农村社会工作和志愿服务。集中清理上级对村级组织考核评比多、创建达标多、检查督查多等突出问题。维护村民委员会、农村集体经济组织、农村合作经济组织的特别法人地位和权利。

4. 建设法治乡村

坚持法治为本，树立依法治理理念，强化法律在维护农民权益、规范市场运行、农业支持保护、生态环境治理、化解农村社会矛盾等方面的权威地位。增强基层干部法治观念、法治为民意识，将政府涉农各项工作纳入法治化轨道。深入推进综合行政执法改革向基层延伸，创新监管方式，推动执法队伍整合、执法力量下沉，提高执法能力和水平。建立健全乡村调解、县（市）仲裁、司法保障的农村土地承包经营纠纷调处机制。加大农村普法力度，提高农民法治素养，引导广大农民增强尊法、学法、守法、用法意识。健全农村公共法律服务体系，加强对农民的法律援助和司法救助。

第八章　坚持人与自然和谐推进绿色乡村发展

推进目标

“坚持人与自然和谐共生，走乡村绿色发展之路”是基础线、潜力线和生命线。遵循农村自身发展规律，将生态文明建设纳入乡村经济、政治、文化和社会建设的各个方面和全过程，使人们可以看到山峦，看到水并记住乡愁；促进绿色生产方式的形成，着力发展生态农业，乡村旅游业等，努力实现产业发展的经济效益、社会效益与环境效益有机统一。

理论依据

《中共中央国务院关于实施乡村振兴战略的意见》中明确指出：“推进乡村绿色发展，打造人与自然和谐共生的发展新格局。”《中共中央国务院关于做好 2022 年全面推进乡村振兴重点工作的意见》明确指出：“推进农业农村绿色发展。”可见，推进乡村振兴战略，必须走出一条人与自然和谐共生的绿色发展之路。

《以绿色发展引领乡村振兴》是2017年12月28日习近平同志在中央农村工作会议上讲话的一部分。讲话指出，良好生态环境是农村最大优势和宝贵财富，以绿色发展引领乡村振兴是一场深刻革命。实施乡村振兴战略，一个重要任务就是推行绿色发展方式和生活方式，让生态美起来、环境靓起来，再现山清水秀、天蓝地绿、村美人和的美丽画卷。要健全以绿色生态为导向的农业政策支持体系，建立绿色低碳循环的农业产业体系，加快构建科学适度有序的农业空间布局体系，切实改变农业过度依赖资源消耗的发展模式。要守住生态保护红线，推动乡村自然资本加快增值，让良好生态成为乡村振兴的支撑点。

实施举措

一、完善制度，发挥政府的主导作用

在乡村振兴工作中，政府的规划起着决定性作用。各地要结合实际情况，出台相对应的农业农村可持续发展专项规划；加强农村基础设施建设，改善垃圾污水收集处理和防洪排涝设施；做好质量安全监管和环保奖惩机制建设，构建从投入到种养、运储、加工等全环节农产品质量监管长效机制，完善农村生态文明建设、环境保护奖励机制，提升乡村建设的绿色化水平。

二、强化绿色发展理念贯彻落实

当前，农业发展依然存在高投入、高消费、资源透支、过度开发等问题。一些农民环保意识不强，习惯于传统农业生产模式。部分农

民虽有较好的环保意识，但在如何将“绿水青山”转变为“金山银山”方面心存疑惑，参与环境治理的行动力不强。因此，要不断强化绿色发展理念的贯彻落实。一方面，政府部门要全面贯彻落实绿色发展理念，认清绿色发展是实现“农业强、农村美、农民富”的必然要求，要按照高质量发展要求，紧密围绕产业兴旺下功夫，坚持质量兴农、绿色发展，全面兼顾经济、生态与社会效益，持续探索发展模式及业态的创新。

另一方面，加强绿色发展理念宣传教育。当前，相关部门虽对绿色发展做了很多宣传工作，但针对性不强，宣传效果不佳。要充分利用融媒体、新时代文明实践中心（站）、理论宣讲团等平台和渠道，采用灵活、接地气的方式强化对绿色发展理念的宣教。通过院落会、走访、村村响广播、微信工作群等各种渠道宣传环境保护和绿色可持续发展的理念，强化农民绿色发展意识，提升农民绿色发展技能，激发农民绿色农业生产积极性。同时，要结合村级集体经济的发展，积极培育农民合作社、商会、龙头企业等新型农业经营主体，重点支持发展绿色示范项目，发挥它们推进农业绿色发展过程中的主力军作用。

宣教的内容不仅仅是实践层面的绿色生产、绿色生活、绿色消费，也可以追根溯源，宣传人与自然和谐共生的关系、生态环境保护与经济发展的辩证关系等。通过潜移默化的宣传教育，让绿色发展理念深入人心，落地生根。

三、大力发展生态产业

很多乡村对于绿色产业的投入力度不足，严重阻碍了生产方式由过度消耗资源转向绿色发展。有关部门不注重传统乡村工业的绿色化改造，这导致传统工业高能耗、高排放、高污染情况依然存在，乡村产业转型升级面临重重困境。

一方面，要打破传统农业生产一味通过生产资料投入而获得农产品的“直线思维”，建立资源节约、环境友好、污染控制、废物循环、产品优质、协调共生的兼容配套式产业技术体系，为壮大生态农业寻找出路。

另一方面，要加大对绿色生态产业的投入力度，积极发展生态农业、工业与服务业等绿色产业。同时，加强产学研合作。围绕现代农业、新能源、新型建材等产业领域，建设科技研发平台，提升绿色技术创新能力。此外，加快创新融合一二三产业，全面推进农业加工、手工业制造、康养服务、乡村旅游、电子商务等低碳绿色业态的融合，打造城乡接轨、完整系统、低碳循环的产业结构体系。

四、提升乡村环境治理效能

相较于城市，乡村农业面源污染、农村环境污染、乡镇工业集中区水污染等问题比较突出，这为乡村环境治理带来了极大的难度。一方面，要立足顶层设计，做好乡村各功能区的生态规划与布局，全面打造生态景观休闲区、绿色产业园区、公共服务区等，探索美丽乡村建设模式。另一方面，构建乡村生态环境治理共同体。环境治理是一项系统工程，关乎每个人，没有旁观者、局外人，人人都是参与者、受益者。要加快形成乡村环境治理新格局，构建乡村环境治理共同体，协同作战，高效处理环境事宜。如全椒县大力开展修复损坏山体以及“三清四改”环境整治、集中式饮用水源保护、农村清洁工程等行动，不断提升乡村环境治理效能。

五、完善乡村绿色发展体制机制

推进乡村绿色发展的基础和前提是激发绿色发展的内生动力，完善的体制机制是重要保障。当前，农业面源污染、农村环境污染、乡镇工业集中区水污染等处理成本较高，但是激励补偿机制不全，现有的补偿力度不足，这些都是绿色发展的阻滞因素。

一方面，要全面构建集乡村社会发展评价、生态环境管理、依法治理等于一体的政策机制体系，并将其作为衡量乡村发展及领导政绩的基本依据，建立环境损害责任终身追究制；又要加强资源生态环境管理，健全资源产权制与资源环境管控制，完善农业生态补偿制；还要将乡村绿色发展观转变为法律意志，以面源污染为重点构建常态化资源环境监测预警体系，实现从田间到餐桌全过程可追溯。

另一方面，要加强基础设施建设，积极推进节水供水重大水利工程、乡村电网改造升级及可再生能源开发利用等重点项目，改善垃圾污水集中处理与防洪排涝设施建设等。

六、加强引导，发挥金融的保障作用

通过政策和财政资金的引导，完善绿色金融供给体系，以市场化方式为乡村绿色发展提供多元化绿色金融产品。通过激励机制引导银行创新绿色信贷产品和服务，为农村生态保护与治理等项目提供信贷支持。引导社会资金定向支持乡村绿色建设项目；继续支持设立各类绿色发展基金，发掘具有商业价值潜力的乡村绿色项目，为乡村绿色发展提供动力。

第九章　传承农耕文明
走出文化兴村新路

推进目标

深入贯彻落实党中央、国务院决策部署，要紧紧围绕促进农业提质增产、农民就业增收、居民休闲消费的目标任务，以农耕文化为灵魂，以美丽乡村为韵律，以生态农业为基础，以创新创造为路径，从简单村落形式向融合发展休闲农业与乡村旅游转变，重视农耕文化、美丽乡村、生态文明、现代农业和农场创业创新，促进农村第一、二、三产业融合发展。

理论依据

党的十九大报告指出，要“实施乡村振兴战略”“深入挖掘中华优秀传统文化蕴含的思想观念、人文精神、道德规范，结合时代要求继承创新，让中华文化展现出永久魅力和时代风采”。

习近平总书记在 2014 年中央农村工作会议上指出，农耕文化是我国农业的宝贵财富，是中华文化的重要组成部分，不仅不能丢，而且要不断发扬光大。

实施举措

一、乡村振兴背景下农耕文化传承的意义

在乡村振兴背景下，实现文化振兴，传承千年的农耕文化是中国传统文化的重要组成部分，更是农业文明发展的历史痕迹，要科学保护，合理利用，为乡村文化振兴增添光彩。

农耕文化是中华民族文化自信的基础

农耕文化是中华民族共同的乡愁基因

农耕文化在乡村振兴中发挥重要作用

农耕文化是中华文化的瑰宝，也是人类文明的重要组成部分

1. 农耕文化是中华民族文化自信的基础

从人类进入原始社会以来，逐渐发展的农业文明便开始在神州大地上传播，中华文明五千年的历史便是与农耕文化相伴而生。传统农业社会人们不断形成了技术经验和智慧体系，也构成了中国农耕文化的优良传统。农耕文化蕴含着先民的大智慧，历经千百年的发展并形成了我国重要的农业文化遗产。截至 2020 年，我国确定的国家级重要农业文化遗产 91 项，其中被联合国粮农组织列入全球重要农业文化遗产保护试点项目 15 项，占全世界的 30%，如中国二十四节气、

甘肃迭部扎尕那农林牧复合系统等。这些丰富灿烂的农耕文化，不仅是我国农业文明的集中体现，也是我国文化自信的重要组成部分。

2. 农耕文化是中华民族共同的乡愁基因

习近平总书记指出，农耕文化是我国农业的宝贵财富，是中华文化的重要组成部分，不仅不能丢，而且要不断发扬光大。随着现代农业技术在广大农村不断推广，传统“二牛抬杠”的农业耕作方式逐渐退出了历史舞台，取而代之的是以拖拉机为主的各种农机具在农业生产中的广泛应用。伴随农机加工技术的推广应用，传统的磨面、碾米、榨油等工具逐渐在历史舞台上消失。在城市商场，当人们看到标有“土鸡蛋”“土榨油”“石磨面粉”“手工粉条”等字样的农产品都会优先购买，除注重绿色环保外，许多人则是因为一种乡土情怀。农耕文化寄托着一代代人的乡愁，进而产生了对故乡的眷恋。农耕文化作为一段历史的见证与记忆，要大力宣传、倡导，把农耕文化中的精华传承下去。

3. 农耕文化在乡村振兴中发挥重要作用

党的十九大提出“乡村振兴战略”，并提出“产业兴旺、生态宜居、乡风文明、治理有效、生活富裕”的总要求。农耕文化是中华文化的重要组成部分，传承农耕文化对乡村振兴战略总要求的实现有着很好的促进作用。要遵循乡村自身发展规律，深入挖掘、传承、创新优秀传统文化，留住有形的乡村文化，进而推动乡村振兴。在乡村振兴基础设施建设中，要注重村落的原始风貌及村庄建筑的修复保护，旅游开发应在保护的基础上进行，把整个村落设计成一个大的民俗博物馆来打造，让人们能在这里找到曾经的记忆。一个民俗味十足的传统村落不仅能吸引游客，更能带动相关传统美食、手工制作、乡村耕种体验等产业发展，为当地经济发展助力。农耕文明中形成的乡规民约，无形中有助于乡风文明、社会治理等。乡村振兴战略中将农耕文化元素融入乡村文化建设中，让农耕文化精华与现代文化有机结合，将在美丽乡村建设中展现出生机和活力而又彰显厚重的文化底蕴，从而实现跨越式的发展。

4. 农耕文化是中华文化的瑰宝，也是人类文明的重要组成部分

保护好农耕文化，把农耕文化更好地传承下去，让子孙后代受益于这些宝贵文化财富，让农耕文明、稻作文明、海洋文明、工业文明等共同创造出来的多彩中华文化，为人类社会发展提供积极的精神指引。唯有此，我们才能更好地从不同文明中寻求智慧、汲取营养，为人们提供精神支撑和心灵慰藉。

二、乡村振兴背景下农耕文化传承的路径

1. 充分认识到保护传统农耕文化的重要性

乡村振兴要把保护传统农耕文化纳入考核目标体系，除应当重视保护和开发具有第一性生产特征的生产形式、传统工艺、作物、畜牧产品、初级制成品、建筑等外，更要重视拓展农业农村和相关物质文化的多功能性。

（1）从产业发展的角度看，在强化农业经济生产等基本功能之外拓展其他特色功能，把满足人民群众基本的物质文化生活作为乡村振兴的第一要务，解决农村城市、区域协调、东部西部及不同群体之间发展不充分和不平衡问题，尤其是充分解决“吃饭”问题。因此，

乡村振兴的核心是产业振兴，产业振兴的重点是保障粮食安全问题，保证人民吃饭问题。新时代背景下，要充分利用先进的农业生产技术，在保护生态环境的前提下增加粮食生产能力，提高粮食自给能力；要充分利用南部喀斯特山区、平原地区、丘陵地区等不同地形地貌特征，开展优势作物种植，大力发展特色优势农作物产品；要拓展农业生产功能之外的休闲旅游功能、教育文化传承功能，发展乡村旅游，发展休闲农业、旅游农业、观光农业等不同的产业形态，满足人民群众不同生产生活需要。保护传统农耕文化，既是弘扬优秀传统文化的重要手段，也是共建美丽乡村、美丽中国的具体措施。

（2）从乡村振兴的视角来看，农耕文化是乡村振兴的原动力。

①要实现产业振兴，必须重视符合地方生产生活环境及生态环境的农耕技艺、耕作技术、种子及产品等农耕物质文化特色的载体，才能真正发展符合市场需要的产业。

②要实现人才振兴，没有农耕文化的特色底蕴，缺乏“乡愁”的农村人居环境建设，没有特色的农业发展氛围，既吸引不了优秀人才，也培养不了优秀的青年人才投入农村发展行业，农民主体的缺失不利于产业振兴，更不利于农村发展和乡村振兴。

③要促进组织振兴，如果缺乏农耕文化特色的农村人口，吸纳能力减弱，没有大量的人口集聚，正式组织或非正式组织发展都会受到影响，特别是农民合作经济组织、生产合作社等生产性组织，农业服务协会、相关自治组织以及农村基层党组织、村民委员会等正式组织，都不利于建设和发展。许多农村地区近年来的状况表明，农村基层党组织党员老化现象明显，农村专业合作社“空壳化”现象也明显，充分说明没有农耕文化支撑的农村是难以实现乡村全面振兴的，传统农耕文化的消失更削弱了农业可持续发展的有生力量。

④要实现生态振兴、文化振兴，同样需要根植于地方特色环境的农耕文化发挥作用。几千年来的中华传统优秀文化是以农耕文化为基

础的，实现生态振兴的重要内容就是在汲取农耕文化精华的前提下，遵循自然规律、社会规律和市场规律，开展“生态产业化”和“产业生态化”的行动，也就是促进优势生态资源进一步资产性转化投入市场开展“资本运营”，将“生态优势”转化为“经济优势”；同时，将农耕文化中保护生态环境、促进人与自然和谐的理念植入产业发展中，促进“产业生态化”，减少不可再生资源大量消耗，减少向自然生态环境排放过多废弃物，保护人类赖以生存的生态环境，发展人与自然友好的文化形态，振兴乡村文化。

2. 加强地方特色饮食文化、服饰文化、居住文化、习俗方式的保护传承和开发

毫无疑问，农耕文化具有突出的地域特色，充分体现了“一方水土养一方人”的发展现象。饮食文化方面，各地的特色食品、餐饮产业以及富有地方特色的加工方法和传统工艺技术等，都是具有地方特征、民族特色和地理特色的农耕文化典型。要进一步结合乡村振兴的需要，充分考虑生态环境承载力、人民生活需要和技术发展的程度，挖掘符合人民消费特征且满足人民消费偏好的传统产品生产能力。服饰文化方面，应结合新时代乡村振兴背景，开展传统技艺下的服饰文化产品。居住文化方面，要在尊重各地区民族居住习惯的前提下，进行安全性、风险性、舒适性和艺术性提升，让人民群众在满足文化需求的前提下住得安心、放心和舒心。当然，乡村振兴中要进一步发展农耕文化，将民族习惯、文化特色、建筑技术和安全性、舒适性等结合起来，建设满足人民群众需要的特色居所。习俗方式方面，各个地方都具有自己独特的文化习俗，文化习俗代表着一个民族习惯的形成过程和优势。中国“56个民族56朵花”，每个民族都有自己的习惯，也都对应着一定差异性的生产生活方式，甚至于对应着不同类型的农耕文化底蕴。因此，现代农业发展和乡村振兴中，要尊重农耕文化形成的悠久历史，进行合理开发、保护和高效利用；同时也要充分结合

现代化市场背景、技术和市场环境的需要，重视经济价值、文化价值、生态价值的统一。

3. 依靠各地鲜明的文艺风格、意识形态、宗教信仰等，充分挖掘文化的艺术价值，强化艺术力量，提升人民意识，倡导精神文化的开发和享受

乡村振兴背景下，人民的生产生活得到了极大的发展，在物质生活满足的情况下，会更多地增加精神产品的消费，因此，要大力开发满足人民生产生活之外的文化产品和精神产品。一方面，全面提升乡村文学艺术“含量”，引导广大文艺工作者将更多精力投入乡村振兴中，认真挖掘、释放、提升农耕文化蕴含的价值，促进乡村文化振兴，提高人民群众文化艺术水平。特别是要提升农业文化的教育功能，培养为中国特色社会主义服务的建设者和接班人。

另一方面，引导人民群众解放和发展生产力，促进民族团结、生活幸福、思想提升。大力解放和发展生产力是我党一贯坚持的作风，乡村振兴中一定要把人民群众的意识形态问题、精神状态问题作为重要内容来抓，只有在积极努力和向上的精神状态下，各族人民一条心，才能真正实现乡村振兴。

参考文献

［1］顾保国，崔友平．新时代中国乡村振兴战略丛书［M］．郑州：中原农民出版社，北京：红旗出版社，2019.

［2］董彦岭．产业振兴：绿色安全、优质高效的乡村产业体系建设［M］．郑州：中原农民出版社，北京：红旗出版社，2019.

［3］辛宝英，安娜，庞嘉萍．人才振兴：构建满足乡村振兴需要的人才体系［M］．郑州：中原农民出版社，北京：红旗出版社，2019.

［4］顾保国，林岩．文化振兴：夯实乡村振兴的精神基础［M］．郑州：中原农民出版社，2019.

［5］渠涛，邵波．生态振兴：建设新时代的美丽乡村［M］．郑州：中原农民出版社，北京：红旗出版社，2019.

［6］郭元凯，谌玉梅．组织振兴：构建新时代乡村治理体系［M］．郑州：中原农民出版社，北京：红旗出版社，2019.

［7］孙景淼．乡村振兴战略［M］．杭州：浙江人民出版社，2018.

［8］《乡村振兴战略150问》编写组．乡村振兴战略150问［M］．北京：中国农业出版社，2018.

［9］张勇．《乡村振兴战略规划（2018—2022年）》辅导读本［M］．北京：中国计划出版社，2018.

［10］孙伟．乡村振兴：农村电子商务模式·运营·案例［M］．北京：中国市场出版社，2018.

［11］王宏甲．走向乡村振兴［M］．北京：中共中央党校出版社，2020.

［12］中国市长协会小城市（镇）发展专业委员会，阡陌智库，等．解码乡村振兴［M］．北京：中国农业出版社，2020.

［13］朱启臻．把根留住：基于乡村价值的乡村振兴［M］．北京：

中国农业大学出版社，2020.
[14]《基层党建工作实用手册》编写组. 基层党建工作实用手册[M]. 北京：人民日报出版社，2018.
[15] 吕红. 新时代农村党支部工作实务与创新手册：图解版[M]. 北京：北京日报出版社，2020.
[16] 张福俭. 新时代党的基层组织建设工作实务与创新手册：图解版[M]. 北京：新华出版社，2019.
[17] 张明楚. 中国共产党基层组织建设史：修订本[M]. 福州：福建人民出版社，2017.
[18]《中国共产党基层组织建设大全》编写组. 中国共产党基层组织建设大全[M]. 北京：党建读物出版社，2007.
[19] 王彬彬. 党的基层组织规范化建设实用手册[M]. 郑州：河南大学出版社，2012.
[20] 吕红. 新时代农村党建工作实务与创新手册：图解版[M]. 北京：华文出版社，2019.
[21] 中共中央组织部组织二局. 抓党建促脱贫攻坚案例选·扛起责任[M]. 北京：党建读物出版社，2021.
[22] 中共中央组织部组织二局. 抓党建促脱贫攻坚案例选·先锋引领[M]. 北京：党建读物出版社，2019.
[23]《中国共产党基层组织选举工作条例》编写组. 中国共产党基层组织选举工作条例[M]. 北京：党建读物出版社，2020.
[24] 吕红. 新时代党务工作实务与创新手册：图解版[M]. 北京：人民出版社，2019.
[25] 吕红. 新时代党支部工作实务与创新手册：图解版[M]. 北京：北京日报出版社，2020.
[26]《中国共产党农村工作条例》编写组. 中国共产党农村工作条例[M]. 北京：党建读物出版社，2019.
[27] 中共中央组织部组织一局. 党组织选举工作手册：第三次修订本[M]. 北京：党建读物出版社，2021.
[28]《基层服务型党组织建设工作手册》编写组. 基层服务型党

组织建设工作手册：第3版［M］. 北京：党建读物出版社，2021.
［29］《流动党员工作手册》编写组. 流动党员工作手册：第3版［M］. 北京：党建读物出版社，2021.
［30］吴江. 人才强国战略概论［M］. 北京：党建读物出版社，2017.
［31］《农村党支部与村民委员会工作失误手册》编写组. 农村党支部与村民委员会工作失误手册［M］. 北京：新华出版社，2018.
［32］《农村基层党建工作手册》编写组. 农村基层党建工作手册［M］. 北京：党建读物出版社，2017.
［33］何丞. 农村基层党建百问百答［M］. 广州：广东人民出版社，2019.
［34］刘延华. 乡村振兴战略：背景、挑战和保障机制［J］. 商讯·公司金融，2018（06）.
［35］关军锋. 提升乡村治理水平保障乡村振兴战略实施［J］. 乡音，2019（02）.
［36］张海军. 浅谈乡村振兴战略实施中法治保障问题［J］. 活力，2019（18）.
［37］欧柯奇. 中国现代农业发展现状及前景分析［EB/OL］. 2018-01-09/2021-1-07.
［38］姜长云. 关于构建新型农业经营体系的思考［J］. 人民论坛·学术前沿，2014（01）.
［39］师秀清. 培育农村新型经营主体，构建新型农业经营体系［J］. 农家科技，2020（03）.
［40］刘卫红. 构建新型农业经营体系：框架和路径［J］. 改革与战略，2015（10）.
［41］赵春澄. 加强和创新农村社会治理［J］. 新西部：中旬·理论，2016（11）：2.
［42］姜坤. 加强和创新农村社会治理［J］. 农村·农业·农民（B

版），2019，510（06）：44-45.
［43］高宝琴．乡村治理模式的创新——合作型社区管理［J］．中外企业家·下半月，2010（08）.
［44］曹桂茹，王新城．基于乡村振兴战略的农村社会治理创新目标与路径研究［J］．农业经济，2020（06）：50-52.
［45］袁贵仁．加快推进教育治理体系和治理能力现代化［J］．人民论坛，2014（13）.
［46］王志立．浅析基层党建与社区治理如何互促互进［J］．农业·农村·农民，2019（07）.
［47］冯光梅．基层党组织如何引领社区治理［J］．党政论坛，2020（11）.
［48］张建平．浅谈如何加强党务工作者队伍建设［J］．企业文化·下旬刊，2016（11）.
［49］黄胜泉．新时期提升基层党务工作人员素质的思考［J］．企业改革与管理，2018（19）.
［59］陈永飞．新形势下创新基层党建工作的探索［J］．钢铁文化，2015（04）.
［51］张静．关于加强基层党务工作者队伍建设的思考［J］．企业文化，2019（30）.
［52］陈融梅．论新时期发展党员工作的重要性［J］．党史博采·理论版，2014（11）.
［53］刘需玲．浅谈如何做好新时期党员发展管理工作［J］．企业文化旬刊，2017（02）.
［54］王雪飞．新形势下加强基层党员队伍建设的思考［J］．法制与社会，2018（18）.
［55］谢晓庆，邱雨蔚．智慧党建：基层党建工作创新路径探索——以宜昌市基层党组织“智慧党建”工作模式为例［J］．三峡大学学报：人文社会科学版，2018，40（03）.
［56］宋黔晖．基层党建引领社区治理创新的路径［J］．中国党政干部论坛，2019（02）.

[57] 付玉红，王秀梅. 基层党建引领社区治理的创新实践与经验启示 [J]. 求知，2019 (08).
[58] 黄晓晔，陶冬燕. "党建+"：社区治理的创新模式 [J]. 甘肃理论学刊，2020 (03).
[59] 赵学平. 着力构建城市基层党建工作新格局 [J]. 新长征，2018 (04).
[60] 王力军. 构建精细化基层党建工作新格局 [J]. 前线，2011 (04).
[61] 陈晓慧. 构建统筹城乡基层党建工作的新格局 [J]. 建设者，2020 (01).
[62] 潘兴宏. 坚持从严治党构建基层党建工作新格局 [J]. 党政干部论坛，2015 (05).
[63] 范菡珏. 着力提高基层党建宣传工作水平 [J]. 唯实，2014 (12).
[64] 陈庆军. 新形势下加强基层党建工作的几点思考 [J]. 黑龙江金融，2018 (02).
[65] 张颖. 直面新的挑战创新基层党建——试论新形势下传统主流媒体加强基层党建工作创新 [J]. 天津经济，2015 (10).
[66] 刘志财. 新时代基层党建工作的新思路 [J]. 人民论坛，2018 (17).
[67] 拉巴卓玛. 如何在农村开展基层党建工作 [J]. 视界观，2020.
[68] 张仕娟. 新时代下实施乡村振兴要抓好基层党建 [J]. 中文信息，2018 (11).
[69] 张志宏. 如何加强乡村基层党组织建设 [J]. 农民致富之友（上半月），2011 (07).
[70] 黄木发. 加强农村基层党组织建设进一步夯实党的执政基础——来自边远贫困山区农村党建工作的思考 [J]. 中国商界，2009 (03).

[71] 彭汉琼．农村基层党组织建设的实践创新及理论思考［J］．学习与实践，2012（11）．
[72] 梁建华．关于加强农村基层党组织建设的思考［J］．南方论刊，2013（10）．
[73] 陈度生．浅谈农村党员监督管理的困境和对策［J］．教育学文摘，2020（17）．